KB164827

영속패전론

永続敗戰論

戰後 日本의 核心

시라이 사토시(白井聡) 지음

정선태 외 옮김

이숲

한국 독자들에게

《영속패전론》을 쓰게 된 동기

　우선,《영속패전론》한국어판이 출간되어 매우 기쁩니다. 제가 이 책을 쓸 때는 외국 독자를 염두에 두지 않았고 오로지 현재 일본에서 벌어지는 정치 상황이나 담론 형성에 개입하려는 의도만 있었습니다. 하지만 한국어판을 통해 한국인들이 일본을 이해하는 데 도움이 되기를 간절히 바라며 실제로《영속패전론》은 그런 역할을 하리라고 확신합니다. 말할 것도 없이 한국과 일본은 정치·경제 분야에서 밀접한 관계를 지속하고 있으며 인적 교류도 매우 활발합니다. 그러나 한편으로는 역사 인식이나 영토 문제와 관련하여 현안 과제를 안고 있습니다. 따라서 이 책은 한국 입장에서 볼 때 이해할 수 없고 납득하기 어려운 언행이 왜 일본에서 반복되는지, 그 필연적 메커니즘을 파악하는 데 도움이 될 것입니다. 아울러 일본 사회 및 현대사의 맥락과 관련하여 사전 지식이 부족할 수 있는 한국 독자에게 이 책을 쓰게 된 동기를 설명하면 책을 읽어 나가는 데 어려움이 없지 않을까 생각합니다.

　《영속패전론》을 한마디로 말한다면 일본의 내셔널리즘을 비판적 시각으로 분석한 책이라고 할 수 있습니다. 잘 알려졌듯이 메이지 유신 이후 근대 일본에서 내셔널리즘은 제국주의 확장을 지지하는 이데올로기였습니다. 그러나 일본이 제2차 세계대전에서 패배하면서 그 날개가 꺾였고, 전후 일본에서 대일본제국 시절의 내셔널리즘 재건을 공공연하게 도모하는 일은 금기시됐었습니다. 일본 제국주의는 군사적으로 이미 패배했을 뿐만 아니라 도의적으로도 패배를 인정해 일본은 국제 사회로 복귀할 수 있었습니다. 그러나 전후 일본을 지속적으로 통치해온 보수 권력의 일부가 일본 제국주의 시절에 저지른 죄들을 부정하고 있습니다. 이런 그들의 혼네[1]는 정치인의 입을 통해 실언 또는 폭언의 형태로 나타납니다. 그러면 당연히 한국과 중국에서는 대일 불신의 벽이 높아지고 반일 감정이 격앙됩니다. 이런 연유로 일본은 '과거 청산'에 진정성을 보인 독일과 두드러진 대조를 보이는데, 이를 모르는 사람은 없을 것입니다.

그렇지만 여전히 전후의 일본 국민 대다수는 대일본제국이 벌인 침략 행위를 '악(惡)'으로 인식하는 역사관을 (최소한 다테마에[2]라도) 상식으로 여기고 있습니다. 다시 말해서 전후 일본 사회에는 이런 혼네와 다테마에가 동시에 존재합니다. 최근 들어 눈에 띄는 경향은 다테마에에 해당하는 '상식'이 일본의 '전후'가 종언을 맞이하면서 무너지고 있는 점입니다. 이것이 바로 '일본의 우경화'고 세계는 이런 일본을 경계하고 있습니다. 특히 한국, 중국과 정치적으로 대립하면서 양국의 국민감정도 악화일로에 있습니다.

이런 상황은 '낡았으면서도 새롭'습니다. '낡았다'고 하는 이유는 영토 문제나 역사 인식과 관련해서 일본 정치인들이 실언을 거듭하는 구도

---

1) 本音: 본심의 목소리, 속마음 또는 속내. 옮긴이.

2) 建前: 겉으로 내세우는 명분이나 표면적인 생각. 옮긴이.

가 재생산되는 데 있습니다. 즉 문제 발언이 나오면 한국과 중국이 항의하고, 일본은 다시 '언제까지 사죄 요구를 계속할 것인가'라고 반발하는 구도입니다.

반면, '새롭다'고 말한 데는 다음과 같은 사정이 있습니다. 즉 그런 사건이 발생해도 일한·일중 관계는 앞으로 더욱 긴밀해진다는 (그렇게 될 수밖에 없는) 미래 지향적 전제에 따라 형성되고 있습니다. 다시 말해 더욱 긴밀한 사이로 발전하는 큰 흐름을 거스르는 에피소드 정도로 받아들인다는 것입니다. 그런데 오늘날 바로 이런 전제가 무너지고 있습니다. 양쪽의 이런 감정적 갈등이나 마찰을 장기적으로 어떻게든 극복하거나 극복해야 할 장애로 인식하지 않은 채 국가와 국가, 국민과 국민 사이 중요한 본질이 되어가고 있습니다.

대체 어디서 이런 현상이 시작됐을까요? 일본 쪽 사정은 '유산 상속' 개념으로 파악하면 이해하기 쉽습니다. 전후 일본의 역사는 '평화와 번영'이라는 말로 요약할 수 있습니다. 전쟁에서 참담하게 패하여 초토가 됐지만 다시 일어나 경제성장을 이룩했고, 경제대국으로 도약했습니다. 다른 한편에서는 지난날 대일본제국에 대한 반성을 바탕으로 '평화주의'를 표방하며 전쟁을 하지 않았습니다. 한마디로 말해 '멋진 시대'를 구가한 전후였습니다. 이런 '평화와 번영'의 시기에 일본은 아시아 여러 나라와의 정치적 관계에서 패전국의 입장에 서야 한다는 논리를 (가슴 깊은 곳에서는 납득하기 어려워도) 이해했습니다. 다시 말해 '한국이나 중국에 언제까지 사죄를 계속해야 하느냐'는 불만의 목소리가 터져 나올 때 '이것은 우리가 상속받은 유산이다'라는 설명이 통했던 것입니다. 유산에는 자본만이 아니라 부채도 있으며, 식민지 지배와 전쟁에 직접적인 책임이 없는 세대도 전후 평화와 번영을 누렸으니 짐이 되는 유산도 떠맡아야 한다고 말입니다.

그러나 일본은 1980년대 번영의 최고점을 통과하면서 버블 경제 붕괴를 맞았습니다. 그리고 이후(90년대 이후) 이른바 '잃어버린 20년'이라고 불리는 장기침체에 돌입했습니다. 이 시기에 번영은 빠르게 자취를 감추고 빈부 격차가 확대됐습니다. 일본 사회에서 빈곤 문제가 다시 대두됐고, 사회 불안이 심해졌습니다. 국가 채무는 나날이 늘어서 결국 유산은 부채만 남았습니다. 이런 까닭에 '그런 유산은 필요 없으니 상속을 포기하겠다'는 목소리가 높아지고 있는 것입니다. 즉 '좋은 시절'이었던 전후가 끝나자 전후 일본의 다테마에였던 '대일본제국의 부정'이 긍정의 욕망으로 대체됩니다. 그리고 이런 상황은 아베 신조 정권을 들어서게 했고, 국민은 높은 지지를 보내고 있습니다.

하지만 이처럼 새롭게 등장한 일본 내셔널리즘에는 커다란 모순이 있습니다. 왜냐면 '대일본제국'을 진심으로 '긍정'한다면, 미국과 벌인 전쟁에서 대일본제국이 패배한 사실을 부정해야 하기 때문입니다. 다시 말해서 궁극적으로 일본은 미국과 다시 전쟁을 치러 반드시 승리해야 한다는 것을 의미합니다. 그런데 일본의 자칭 내셔널리스트들은 대부분 이런 일을 상상조차 하지 못합니다. 그 이유는 현실적으로 전쟁을 벌일 국가 전략이 없어서가 아니라 미국의 우산 아래서 일본 내셔널리즘을 주장하는, 즉 외국의 비호를 받으며 내셔널리즘의 욕망을 채우는 일이 이상하다고 생각하지 못할 정도로 대미 종속 체제가 어느새 자명해진 데 있습니다. 이런 태도는 미군 점령기부터 정치·경제·문화 등 국민 생활 전반에 걸친 광범위한 영역에서 미국의 영향을 받으며 오랫동안 형성됐으므로 간단히 설명하기 어렵습니다.

다만, 미국 덕분에 유지된다고 생각하는(그래서 전후 일본 보수 세력의 주류를 '친미 보수'라고 부릅니다), 내셔널리스트 자신이 보기에도 기이한 일본의 내셔널리즘 구조가 초래한 결과는 뻔합니다. 그것은 바로 대미 관계로 좌절된 내셔널리즘의 스트레스를 아시아를 향해 분출하는 행동입니다. 즉 그들은 아시아에서 온힘을 다해 패전을 부정합니다. 다시 말해서 대미 관계에서의 패배는 뼛속까지 새기면서도 같은 동전의 뒷면인 아시아에서의 패배는 부인하는 것입니다. 그렇게 전후 일본 체제의 진짜 골격이 지금 드러나고 있습니다. 결국, 전후 일본은 제2차 세계대전에서 패배했다는 사실을 모호하게 만들었는데, 더 정확하게 말하자면 '패전'이라는 정치적 귀결을 되도록 받아들이지 않았고 바로 이것이 지배 체제의 핵심적인 본질입니다.

물론, 중대한 전쟁에서 완패했음에도 패배의 결과를 받아들이지 않는 것은 애초부터 불가능한 일입니다. 그래서 일본은 미국에게 무한 종속의 형태로 대가를 치르면서 아시아 여러 나라에게 '패전'을 '부인'하는 태도를 보이고 있습니다. 그러나 무한 종속은 현실 세계 말고도 상상력 차원에까지 영향을 미쳐 마치 노예처럼 미국을 따르게 만들었습니다. 참으로 값비싼 대가가 아닐 수 없습니다. 이 책은 이처럼 뒤틀린 역사의식이나 세계에 대한 인식의 지도가 냉전 구조 아래에서 어떻게 형성됐는지, 그리고 그것들이 냉전 체제 붕괴 이후 과연 사라지고 있는지를 밝히고자 합니다. 이제 그 뒤틀림은 일본과 주변국에 실질적인 위험으로 다가오고 있어 결국에는 파국의 결말을 부를지도 모릅니다. 태평양전쟁의 패배를 인정하지 않았기에 일어날 수 있는 일이며, 또다시 패배를 부를 것입니다. 패전을 부인하면 패배는 계속됩니다. 이것이 바로 '영속패전'입니다.

영속패전론으로 본 아베 신조 정권하 일본

　지금까지 설명한 내용으로 현재 일본 아베 신조 정권의 본질이 무엇인지 알 수 있을 것입니다. 이 책은 2012년 말 아베 자민당의 정권 복귀와 상관없이 집필했지만 그 후 아베 정권이 나아간 궤적(일한·일중 관계가 더없이 냉각되었고 특정비밀보호법 제정과 집단자위권 행사 용인으로 전후 헌법 체제를 파괴한 행위 등)은《영속패전론》에서 다뤘던 전망에서 조금도 벗어나지 않습니다.

　아베는 '전후 체제의 탈각(脫却)'을 부르짖고 있습니다. 분명히 일본의 '전후'는 오랜 기간 지속됐기에 이 슬로건의 문구 자체는 맞는 이야기입니다. 하지만《영속패전론》본문에서 논증했듯이 '전후 체제'의 실상은 패전이라는 움직일 수 없는 정치적 사실을 무마하는, 미국에 대한 무한 종속(그 이면으로 동아시아에서 고립된) 체제였습니다. 따라서 '전후 체제의 탈각'을 위해서는 지금까지 끊임없이 이어진 대미 종속 구조를 직시하고, 아시아에서 영토와 역사 인식 문제를 서로 납득할 수 있는 방향으로 풀어야 일본은 '아시아의 당당한 일원'이 될 수 있습니다. 그런데도 아베 정권의 모든 대외 정책은 오히려 이와 반대로 작동하고 있습니다. 즉 안전보장과 경제협정 측면에서 노예 상태 같은 대미 종속 구조를 더욱 강화하는 한편, 동아시아에서는 긴장을 고조시키면서 갈등을 낳고 있습니다. 이처럼 아베가 말하는 '전후 체제의 탈각'은 그 실태로 보건대 '탈각'은커녕 '전후 체제의 순화(純化)'나 다름없습니다.

　그렇게 된 요인은 전후 체제의 본질을 전혀 이해하지 못하는 아베 신조 개인의 지적 결함 탓이 아닙니다. 아베 자신과 그를 지지하는 사람들에게 '전후 체제의 탈각'이란 패전에 대한 이의를 제기할 새도 없이 구축된 체제(그 총체를 '전후 민주주의'라고 부릅니다)를 부정하는 것을 의미합니다. 다시 말해서 '패전의 부인'을 달성하는 것입니다. 이것을 아베와 그의 추종자들이 원하는 진짜 이유는 저급함을 보여주는 그들의 지적 차원이 아니라 욕망의 차원에 있습니다. 아베의 여러 가지 언동을 통해 확실하게 알 수 있는 사실은 그의 머릿속에서 전후 민주주의에 대한 증오가 격하게 소용돌이치고 있다는 것입니다. 비록 많은 일본인이 이런 '패전의 부인'을 아베와 그의 추종자들처럼 호전적인 우익 이데올로기로 수용하지 않지만, 그래도 전후의 대중적인 역사 인식으로 인정하고 있습니다.

우파 세력이 안고 있는 모순은 앞서 말했듯이 미국을 방패삼아 전후 민주주의를 부정하려는 데 ―그들은 어디까지나 친미 보수 세력이므로― 있습니다. 정말로 '패전의 부인'을 추구한다면 전승국인 미국의 역사 인식, 즉 미국이 자부하는 전후 대일 처리에 대한 정당성과 충돌할 수밖에 없습니다. 이런 상황에서 미국 오바마 대통령은 아베 정권이 힘을 쏟는 수정주의 역사관에 대한 혐오감을 드러냈습니다. 다시 말해 군사적으로는 일미 긴밀화를 추구하는 한편, 일미 관계에 잠재적으로는 깊은 균열이 시작됐음을 보여줬습니다. 이처럼 '패전의 부인'을 핵심으로 여기는 영속패전 체제가 명료해지면서 스스로 붕괴의 길을 걷고 있습니다. 본론에서 다루겠지만 이 체제의 유통 기한은 이미 만료됐습니다.

그렇다면 지금 왜 이런 정권이 수립됐는지 그 배경이 궁금할지도 모르겠습니다. 여러 요인이 복합돼 나타났지만 반드시 지적하고 싶은 것은 2011년 3월 11일의 충격입니다. 후쿠시마 제1원자력발전소가 폭발하는 대참사가 일어났지만 일본 정부는 수습하려는 의지가 없었고, 이런 천재와 인재는 일본 국민에게 커다란 정신적 충격을 안겨줬습니다. 이 사건으로 일본의 '전후'는 종지부를 찍은 셈입니다. 아울러 '잃어버린 20년'의 시간도 애매하게 지나갔습니다. 한마디로 '평화와 번영'이라는 전후의 신화는 효력이 사라진 것입니다. 그러나 사람들은 이를 알면서도 인정하지 않았습니다. 쇠락한 기운을 되찾으려고 개혁을 외쳤으나, 실제로는 황금시대에 쌓아놓은 전후의 유산을 탕진해왔을 뿐입니다. 바꿔 말해 '전후'가 끝난 것인지 아닌지, 모호한 상태로 시간은 흘렀고 여기에 3·11이 마침표를 찍은 것입니다. 쓰나미가 덮쳐와 원자력발전소의 지붕이 날아가고 온갖 시설물이 쓸려나가는 순간, 좋은 시절이었던 '전후'는 다시 돌아올 수 없는 '시대'가 돼버렸습니다.

그러나 이런 충격 앞에서 일본 사회가 보인 반응은 외면이었습니다. 즉 전후의 본질을 끝까지 숨겼고, '전후의 청산과 극복'을 향해 나아가야 한다는 사실을 —이것이 바로 '영속패전 체제의 탈각'입니다— 깨닫기보다는 '전후의 다테마에'를 포기하는 방향으로 돌아섰습니다. 이처럼 '전후'의 본성이 드러난 현실만을 놓고 본다면 '전후'는 아직 끝나지 않았습니다. 여기서 말하는 '전후의 다테마에'는 기본적으로 대일본제국 시절의 체제 및 가치관에서 벗어나 전후 민주주의 규칙과 가치관을 존중하는 태도입니다. 즉 전후 민주주의 사회에서 '대일본제국의 긍정'='패전의 부인'이라는 욕망의 등식은 늘 잠재했지만 공개적으로 드러내는 것이 금지된 일종의 불문율이었습니다. 그래서 이런 욕망을 품고 있는 사람이 얼마나 많은지 파악할 수 없었습니다. 그런데 이제는 상황이 달라졌습니다. 아베의 정치는 이런 대중의 욕망을 확대해 상당한 지지를 받고 있습니다. 더욱 심각한 문제는 아베 정권이 교체되더라도 이처럼 확대된 욕망이 간단하게 수그러들지 않으리라고 예견되는 상황입니다.

'전후'는 끝나가고 있지만, 한편으로는 '전후의 다테마에' 뒤에 몰래 숨어 있던 것을 아무렇지도 않게 드러내면서 '영속패전'으로서 전후는 무한 연장을 도모하고 있습니다. 흔한 예가 재일 한인에 대한 배척자들의 혐오 발언 공격입니다. 이런 행동을 하는 극우 집단은 '행동하는 보수'를 자처하며 도쿄와 오사키의 고리아타운에 몰려가 노골적인 증오를 드러내고 차마 입에 담을 수 없는 발언을 계속하고 있습니다.

물론 그들은 극단적이고 특별한 사람들입니다. 그렇지만 그들이 추악한 행동을 하면서 스스로 그것을 '국민운동'이라고 부르는 데는 안타깝게도 근거가 없지 않습니다. 왜냐면 대일본제국 시절 조선인은 2등 시민으로 다뤄졌으므로 공공연히 차별하기 좋은 대상이었기 때문입니다. 그러다가 패전 후 일본인은 재일 한인을 기본적 인권이 있는 존재로 존중하게 됐습니다. 다시 말해서 전후 재일 한인이 일본인과 대등한 존재가 된 상황은 대일본제국이 무너지면서 발생한 결과이자 패전의 '살아 있는 증거'입니다. 이렇게 봤을 때 극우 집단이 벌이는 짓은 증오를 표현함으로써 재일 한인의 인권을 침해하는 일이기도 하지만, '패전의 부인'을 실천하는 일이나 다름없습니다. 따라서 극우 집단은 소수이긴 하지만 실제로는 이 사회의 주류라고 할 수 있습니다. 왜냐면 '패전의 부인'이야말로 일본인의 역사 인식에 깊게 뿌리박힌, 전후 일본을 이루는 근간이기 때문입니다.

다케시마=독도[3] 문제와 영속패전, 자기애와도 같은 내셔널리즘

이 책의 제2장에서는 일본이 안고 있는 세 가지 영토 문제(센카쿠 열도, 북방 영토, 다케시마)를 다루고 있습니다. 그것은 영토 문제가 오늘날 일본의 내셔널리즘이 집중하고 있는 중요한 문제이자 격한 감정을 일으키는 위험한 주제이기 때문일 뿐, 그 자체가 지적으로 흥미로운 대상이기 때문은 아닙니다. 이 책에서 파헤친 것은 일본 정부가 영토 문제와 관련하여 내걸고 있는 공식 견해가 자부심을 가져도 좋을 만큼 국제 사회에서 정당성을 갖추고 있지 못하며, 패전 사실 또한 직시하고 있지 않다는 점입니다.

하지만《영속패전론》이 일본 정부의 견해를 비판한다고 해서 한국·중국·러시아 정부의 입장이나 영토 문제에 관한 각국의 여론을 적극적으로 지지하거나 각 정부가 영토 문제와 관련해서 펼치는 캠페인에 동조하는 것은 아닙니다. 왜냐면 한 나라의 영토 내셔널리즘을 비판하기 위해 다른 나라의 영토 내셔널리즘을 받아들인다면 결국 자가당착에 빠지기 때문입니다. 어떤 나라든지 영토 문제로 해당 국가의 내셔널리즘 감정이 과열되는 상황에 대해서 저는 비판적입니다.

다만, 다케시마=독도 영유권 문제와 관련해서 제 견해는 다음과 같습니다. 이 섬은 일러전쟁[4]에서 한국 병합에 이르면서 공식적으로 일본 영토에 편입됐습니다. 이런 편입은 일러전쟁 중 군사적 요청으로 이뤄진 것인데, 그 당시 일본 정부에는 '이 섬이 한국 것(일지도 모른다)'이라는 인식이

---

3) 저자의 표기를 그대로 옮겼다. 옮긴이.
4) 러일전쟁. 이 책에 나오는 이와 비슷한 명칭들도 일본인인 저자의 일본식 표기를 그대로 따랐다. 옮긴이.

있었습니다. 이런 역사 과정을 거치면서 전후의 일본 영토는 카이로 선언과 포츠담 선언의 취지에 맞게 규정하는 것이 ─일청전쟁 이후 무력으로 차지한 일본 영토는 박탈한다─ 대원칙이 됐습니다. 이런 원칙에 맞춰 살펴보면 다케시마=독도를 둘러싼 일한 양국 정부의 주장 중에서 맞는 쪽은 한국 정부라고 생각합니다. 국가 간 차원에 한정해서 말하자면, 샌프란시스코 강화조약에서 다케시마=독도 문제를 다루면서 명문화하지 않았던 일이 지금까지 이어진 대립의 직접적 원인이라고 할 수 있습니다. 아울러 저는 그 이전의 역사, 즉 근대 이전에 다케시마=독도가 일본과 조선 중 어느 쪽에 속해 있었는지를 따지면서 이 섬의 '진짜 주인'을 결정하려는 일한 양국의 내셔널리스트들의 분투에 관심이 없습니다. 자세한 내용은 본론에서 설명하겠지만 이런 대립은 그저 부조리하고 헛된 일이라고 생각하기 때문입니다.

다케시마=독도의 영유권에 관한 저의 이런 견해와 과열된 영토 내셔널리즘에 대한 비판은 별개 문제입니다. 정치학자 현대송[5]은 한국의 언론이 독도 문제를 어떻게 다루는지 살펴보고는 다음과 같이 서술했습니다. "'한국의 한 해는 독도에서 시작해 독도에서 끝난다'고 말할 수 있습니다."

저는 다케시마=독도가 한국 독립의 상징으로서 매우 강력한 감정 동원 기능을 갖췄고, 고난의 연속이었던 역사를 돌아볼 때 필연성이 있다는 사실을 머리로는 이해하고 있습니다. 하지만 다른 한편으로 다케시마=독도가 환기하는 한국인의 감정을 '우리 것처럼' 체험하고 피부로 느끼면서 공감하기는 불가능다고 생각합니다. 솔직히 말하자면 현대송이 토로했듯이 언론의 열광을 보면 위화감이 듭니다. 이런 감정은 일본에서 다케시마=독도

---

5) 玄大松: 독도에 관한 논문으로 도쿄대학교에서 박사학위를 받고 한국인으로는 처음으로 이 대학 동양문화연구소 교수로 채용됐다. 옮긴이.

가 일본 땅이라고 소리 높여 호소하는 사람들을 보고 느끼는 위화감과 다를 바 없습니다. 다케시마=독도 영유권 문제가 생활 기반의 직접적 영향으로 다가오는 어민이라면 별문제겠지만, 이 작은 섬의 국가적 귀속 문제로 일상에서 아무 영향도 받지 않는 사람들이 마치 자신의 가장 중요한 가치가 걸린 듯 판단하고 있습니다. 바로 여기에 내셔널리즘의 신비가 있습니다.

하지만 이런 메커니즘이 아무리 신비하고 강력하더라도 한 가지 확실한 점은 강렬한 힘에 사로잡혀 자각할 수 없는 사람이라면 더는 자유롭지 못하다는 사실입니다. 이 책에서 저는 정신이 자유롭고 싶은 한 인간으로서 제 자신과 저의 동포 이웃과 결코 무관할 수 없는 일본 내셔널리즘의 구조를 해명하고자 했습니다. 인간은 반드시 자기애가 필요한 존재이지만, 집단적인 자기애라 할 수 있는 내셔널리즘은 우리에게 성가신 이념일 뿐입니다. 자신을 긍정하는 일이 어려운 사람에게 어느 정도 자기애가 없으면 마음의 병이 찾아오지만, 자기애는 자기 인식을 반드시 왜곡하게 마련입니다. 그래서 저는 일본의 내셔널리즘이 일본인의 자기 인식을 어떻게 뒤틀고 있는지 알고 싶었습니다. 그렇게 우리를 장악하고 있는 힘이 어떤 것인지를 밝혀서 우리가 더 자유로운 존재가 될 수 있도록《영속패전론》에서 논의를 펼쳤습니다.

한국의 독자에게 제가 기대하는 것은 전후 일본의 통치구조와 내셔널리즘의 실상 파악만이 아닙니다. 이 책에서 제시하는 일본인의 집단적 자기애 분석 방법으로 여러분 스스로 한국인의 집단적 자기애 존재 방식을 분석하고자 할 때 어떤 시사점이 되기를 바라고 있습니다. 만약《영속패전론》이 그런 역할을 한다면 자유로운 인간들끼리의 국경을 넘은 연대에 조금이라도 기여한 셈이 아닐까 생각합니다. 그렇게 된다면 과분한 영광이며, 그것이 제가 마음속으로 바라는 바이기도 합니다.

차례

1장

'전후(戰後)'의 종말

제1절

—

우리는 모욕 속에 살고 있다 – 포스트 3·11의 경험

"우리는 모욕 속에 살고 있다."

2012년 7월 16일 도쿄 '요요기 공원'에서 열린 '사요나라 원전, 10만 집회'에서 오에 겐자부로[1]가 나카노 시게하루[2]의 표현을 인용하여 외친 말이다. 이 말은 3·11 동일본 대지진 이래 우리가 놓여 있는 상황을 모자람 없이 적확하게 표현한다. 그렇다. 우리는 실제로 모욕 속에 살고 있고, 모욕의 삶을 강요당하고 있다. 오에의 발언은 간사이전력(関西電力) 오이(大飯) 원자력발전소가 재가동 반대 목소리를 누르고, 게다가 '국민의 생활을 지킨다'[노다(野田) 총리]는 핑계로 강행했던 일을 직접 겨냥하고 있다. 하지만 이 말에는 더 많은 의미가 담겨 있다.

후쿠시마(福島) 제1원자력발전소 사고 이후 계속된 사태와 잇따라 드러난 다양한 사건의 전모는 일본 열도에서 살아가는 거의 모든 이에게 모

---

1) 大江健三郎(1935~): 일본의 소설가·평화활동가. 전후문학 신세대로 평가받았으며 1994년 노벨문학상을 받았다. 옮긴이.
2) 中野重治(1902~1979): 일본의 소설가·시인·정치가로 전후문학을 확립했다. 옮긴이.

욕이다. 이 사고를 계기로 일본 사회는 그 구조의 민낯을 드러냈다. 일본 국민은 어떤 권력의 통치를 받으며 살아가는지 명확해졌다. 슬프게도 그 구조는 '모욕'이라는 말 말고는 다른 표현이 없다.

그래서 우리는 분노해도 괜찮다. 실제로 우리는 분노하고 있으며, 또 분노해야 한다. 우리가 어떤 모욕을 당했는지, 또 당하고 있는지 망라할 수는 없지만 ―인간은 망각하기 쉬운 동물인지라― 되풀이해서 조금이라도 확인해둬야 의미가 있으리라.

'모욕'의 경험

우선, 사고 발생 당시 정부는 원자력발전소 주변에 거주하는 주민을 대피하게 하는 데 온 힘을 기울이지 않았다. SPEEDI[3]의 데이터가 국민에게 공표되지 않았다는 사실[4]이 이를 단적으로 보여준다. 더구나 정부는 국민에게 숨겼던 그 데이터를 미군에게 정확하게 제공했으면서도[5] 당시 간

---

3) 緊急時迅速放射能影響予測ネットワークシステム(System for Prediction of Environmental Emergency Dose Information): 방사성 물질의 확산을 예측하는 시스템. 옮긴이.

4) "도쿄전력 후쿠시마 제1원전 사고 닷새째였던 3월 15일, SPEEDI의 방사성 물질 확산 예측에 대해 당시 다카키 요시아키(高木義明)를 비롯한 문부과학성 정무 세 임원과 간부가 협의하여 "일반적으로 공표하기가 매우 어려운 내용으로 판단"이라고 내부 문서로 기록한 사실이 2일 문부성 관계자를 취재하는 과정에서 드러났다. 문부성은 "담당 직원이 작성한 메모이나 정확하지 않다. 공표의 구체적인 판단은 내린 적이 없다."라며 일부 부정하고 있다. 사고 직후 SPEEDI의 예측 결과 공표를 둘러싼 문부성 의사록 등은 발표되지 않았다." 《교도통신(共同通信)》, 2012년 3월 3일)

5) "국회 사고조사위원회는 오늘, 정부의 사고조사검증위원회 하타무라(畑村) 위원장과 도쿄전력사고조사위원회 위원장을 맡고 있는 야마자키(山崎) 부사장 등을 참고인으로 소환해 처음으로 본격적인 공개 질의를 시작했습니다. 이 과정에서 문부과학기술·학술정책국 와타나베(渡辺) 차장은 방사성 물질의 확산을 예측하는 SPEEDI 시스템으로 사고 직후 예측한 데이터가 외무성을 통해 곧바로 미군

(菅) 총리는 SPEEDI의 존재 자체를 몰랐다며 시치미를 뗐다. 당연히 민간 사고 조사위원회도 SPEEDI는 "원자력발전소의 입지를 유지하고 주민을 안심시키기 위한 미끼에 지나지 않았다"[6]라며 강력하게 비판했다. 개발에 30년이 넘는 시간과 100억 엔이 넘는 비용을 투입했고, 유지·운영에 연간 7억 엔의 세금을 사용하는 장비를 사실상 이런 방식으로 사용한 것이다. 그런데도 책임 진 사람은 아무도 없다.

　세간에 알려진 '상정외(想定外)'라는 말의 실질적 의미도 다시금 생각해볼 필요가 있겠다. 전(全) 전원 상실 사고 가능성은 상정하지 않았다는 정부와 전력회사가 사고 이전에 적용한 방침은 일단 논외로 치고 들여다보자. 2006년 국회에서 공산당 소속 요시이 히데카쓰(吉井英勝) 중의원은 〈거대 지진 발생에 따른 안전 기능 상실 등 원전 위험에 대한 국민 안전보장에 관한 질의서〉를 제출하여 지진 및 쓰나미로 인한 원전의 전 전원 상실 사고 가능성을 지적한 바 있다. 게다가 이런 외부 지적 이전에 이미 도쿄전력 측도 후쿠시마 제1원전 쓰나미대책 강화의 필요성을 지속적으로

에 제공되고 있었다는 사실을 밝혔습니다. SPEEDI 데이터는 문부과학성이 '실태를 정확히 반영하지 않은 데이터 공표는 쓸데없이 혼란스럽게 할 뿐'이라며 일부를 제외하고 사고 발생 후 두 달 가까이 발표하지 않았으면서도 미군에는 제공한 이유를 '긴급사태에 대응해줄 기관에 정보 제공 일환으로 연락했다'고 와타나베 차장은 설명했습니다." (〈NHK뉴스(NHKニュース)〉, 2012년 1월 16일)

6) "민간 사고조사는 방사성 물질이 퍼져나간 작년 3월 15일이 피난민에게 '운명의 날이었다'고 지적했다. 보고서는 방사성 물질 확산 예측시스템(SPEEDI)을 '(피난의) 판단 기준으로 삼으려고 30년에 걸쳐 개발한 것이 아니었느냐'고 물으면서 예측 결과를 피난에 활용하지 못한 국가의 실책을 비판했다. 또한, SPEEDI는 '원전의 입지를 유지하고 주민의 안심을 사기 위한 '의도된 장치'에 불과했다'고도 표현했다. 그리고 예측이 불확실하다고는 해도 '피난민의 피폭 가능성을 줄이기 위해 최대한 활용했어야 했다'고 말했다. 더불어 문부과학성이 제1원전 사고 이후 SPEEDI 운용을 원자력안전위원회에 '떠넘겼다'고 지적했다. '책임 회피를 염두에 둔 조직적인 방어의 징후가 곳곳에 나타나며, 이것도 발표가 늦어진 원인의 하나'라며 문부성의 무책임한 태도를 비난했다."(《산케이신문(産經新聞)》, 2012년 2월 28일)

검토하고 있었다. 이미 보도를 통해 밝혀진 2006년[7]과 2008년[8]의 이런 정황에도 도쿄전력은 사고 발생 당시부터 지금까지 줄곧 상정하지 않았다는 변명으로 일관하고 있으며, 자사의 사고 조사 보고서를 통해서도 이런 입장을 고수하고 있다. 그러나 이 상황에서도 잊지 말아야 할 것이 있다. 현실적으로 사고는 여전히 수습되지 않았고, 지금도 현장에서는 노동자들이 방사선에 노출된 채 작업을 계속하고 있는 점이다. 그런데 각종 보도를 보면 목숨이 위태로울 정도로 위험한 작업 환경에 비해 그들이 정당한 대우를 받고 있다는 생각이 좀처럼 들지 않는다. 2011년 12월 당시 정부가 내놓은 사고 '수습선언' 자체가 완전한 속임수였다. 왜냐면 녹아내린 핵연료가 실제 어느 단계로 진행되고 있는지 모르고, 또 원자로 격납용기의 파손부위와 그 정도도 파악하지 못했을 뿐 아니라 사용후핵연료를 배출하는

---

7) "후쿠시마 제1원전 사고가 일어나기 전인 2006년, 도쿄전력은 거대 쓰나미가 덮쳤을 때 피해를 예상하고 대책 비용을 계산하고 있었던 사실이 아사히신문(朝日新聞)이 입수한 도쿄전력 내부 자료를 통해 알려졌다. 높이 20미터 쓰나미로부터 시설을 지키기 위한 '방조벽 건설비용 80억 엔' 등의 내용이 담긴 자료였다. 2004년 인도양 쓰나미 이후 국가는 2006년 쓰나미 대책 검토를 도쿄전력에 요청했고, 2008년 도쿄전력은 후쿠시마 제1원전을 덮칠 쓰나미가 최대 15.7미터에 이를 수 있다고 예측했으나 아무것도 대비책이 되지 못했다. 예측 결과는 조금도 활용되지 못했고, 사고를 피할 기회도 사라졌다."《아사히신문》, 2012년 6월 13일)

8) "도쿄전력이 동일본 대지진이 일어나기 전 후쿠시마 제1원자력발전소에 지금까지의 예상을 웃돌아 10미터가 넘는 쓰나미가 몰아닥칠 가능성이 있다고, 2008년 예측했던 사실이 정부 사고조사·검증위원회에서 14일 밝혀졌다. 도쿄전력은 같은 방식의 계산으로 높이 15미터가 넘는 쓰나미를 예측하고 있었던 것이다. 대지진으로 이 원전에 14~15미터의 쓰나미가 덮쳤지만 '예상 밖의 쓰나미'였다는 도쿄전력의 주장은 15미터를 넘는 쓰나미를 예측했던 사실이 밝혀지면서 거짓으로 드러났다. 도쿄전력은 예측 결과를 쓰나미 대책 강화에 활용하지 못했고, 대지진 나흘 전인 올해 3월 7일에야 경제산업성 원자력안전보안원에 보고한 바 있다.
도쿄전력은 국가 지진조사연구추진본부가 2002년 7월에 새로운 지진 발생 확률 등을 공표한 자료를 바탕으로 2008년 매그니튜드(M) 8.3 메이지 산리쿠 지진(1896) 규모의 지진이 후쿠시마 해안에서 발생했다고 가정할 때 후쿠시마 제1, 제2원전에 도달할 쓰나미의 높이를 측정했다고 밝혔다. 제1원전의 취수구 부근에 높이 8.4~10.2미터 쓰나미가 닥쳐 단숨에 육지로 올라와 1~4호기에 이르렀을 때 높이 15.7미터, 5호기와 6호기에 높이 13.7미터에 이른다고 예측했다."《요미우리신문(読売新聞)》, 2011년 8월 25일)

계획조차 서 있지 않았기 때문이다. 애초에 사용하고 난 핵연료의 안전한 처리 방법 자체가 개발 가능한지조차 불투명했다. 이런 상황인데도 '수습 선언'은 강행됐고 이를 근거(?)로 정부와 도쿄전력은 원전 노동자들이 무료로 건강진단을 받을 권리마저 빼앗았다.[9] 이런 부당한 처우는 계속해서 투입해야 할 원전 노동자 확보를 더욱 어렵게 하고 있다는 보도도 있다.[10]

이처럼 현장의 문제점들이 집약되면서 사고 이전부터 있어왔던 원전 노동자들의 피폭 은폐와 산재 감추기 및 급여 착복 등의 온상이 된 다단계 하청 구조가 드러났다. 원전 3기에 노심용융이 일어나고 원전 지붕이 날아간 미증유의 사고 현장에서도 이런 복잡하고도 괴기한 하청 구조만은 굳건하게 버티고 있었다.

여기에 두 가지 문제가 드러난다. 첫째는 원전 복구 작업에 종사하는 사람들을 방사능 위험으로부터 보호하고, 또 피폭으로 인한 건강 훼손을 되도록 최소화하며, 합당한 방식으로 보상하는 체제가 마련되지 않았다는 인도적 차원의 문제다. 둘째는 실제로 정부가 진정성 있게 사고를 수습할 의지가 있느냐는 문제다. 누구나 알다시피 사고 자체의 수습은 현재 일본이 전력을 쏟아야 할 국가적 프로젝트다. 따라서 정치인 한 사람 한 사람에

---

9) "도쿄전력 후쿠시마 제1원전 사고가 일어난 시점부터 올해 9월에 이르기까지 일하던 24,118명 중 정부와 도쿄전력의 무료 암 검진 제도를 이용할 수 있는 사람은 904명으로 전체의 3.7%에 불과하다는 사실이 드러났다. 정부와 도쿄전력이 50mSv 이상의 방사선에 노출된 피해자 중에서도 작년 12월 노다 정권의 사고 수습 선언 전에 피해를 입은 사람만을 치료 대상으로 한정했기 때문이다.
수습 선언을 발표했다고는 하나 후쿠시마 제1원전에서는 고선량 아래 작업이 계속되고 있다. 예를 들어 9월에도 24명이 모두 50mSv를 초과하는 방사선에 노출됐지만, 특별조치 대상인 도쿄전력 사원 2명을 제외한 22명은 무료 암 검진을 받을 수 없다. 후생노동성은 후쿠시마 제1원전의 작업자를 '긴급 작업 종사자'로 지정하고, 그중 100mSv가 넘는 방사선에 노출된 사람은 평생 1년에 한 번 무료 암 검진을 받을 수 있는 제도를 작년 10월에 마련했다." (《아사히신문》, 2012년 11월 22일)
10) NHK 〈클로우즈업 현대(クローズアップ現代)〉, 2012년 11월 5일.

게, 또는 지위 여하를 막론하고 공무원들에게 수습 의지가 있느냐고 물으면 한결같이 "있다."라고 대답할 것이다. 그러나 관계자 전원의 수습 의지가 반드시 조직 전체의 의지로 연결된다는 필연성은 없다. 예컨대, 약 70년 전 각계 권력자나 지식인이 거의 모두 '싸우면 반드시 진다(따라서 하면 안 된다)'며 이성적으로는 전쟁해서는 안 된다는 사실을 알면서도 태평양전쟁을 일으켰다. 즉 문제는 현재 정부 조직이 원전 사고 처리를 위한 시스템 구축 의사를 실제로 구현할 수 있느냐다. 그래서 관계자가 주관적 의식 차원에서 어떻게 생각하는지는 의미가 없다. 아울러 '무책임의 체계'[11](마루야마 마사오[12])의 결정체와도 같은 다중 하청 구조에서 현장 작업이 이뤄진다는 사실은 일본 사회의 구태의연함을 보여주는 동시에 시스템 부재를 상징하는 사례가 아닐까? '무책임의 체계'가 초래한 사고를 '무책임의 체계'로 해결할 수 있다는 헛되고도 위험한 몽상을 여전히 좇고 있다. 원자력 마피아들이 실제 안전보다 '안전 신화'를 더 중요하게 다루고 있듯이 정치인들은 실제 사고 수습보다 '수습선언'을 훨씬 더 중요하게 생각하고 있으며, 우리는 이를 이미 목격했다. 물론 이런 '몽상'은 언제라도 '악몽'이 될 수 있다.

'모욕'의 내용을 일일이 열거하자면 끝이 없겠지만, 무엇보다 도쿄전력이 아직 존재한다는 점을 들지 않을 수 없다. 이 회사를 존속시킨 결정에는 전력 공급의 안정성을 확보한다는 과제와 더불어 원전 사고에 따르는 배상과 보상의 주체로서 담보하려는 힘겨운 선택이 있었다는 사실은 이해

---

11) 〈군국 지배자의 정신 형태〉에서 마루야마는 전전(戰前) 일본의 지도자가 전쟁 책임을 회피했다기보다 책임이라는 감각 자체가 결여돼 있다며 통렬히 비판하고, 이를 일본 시스템의 '무책임의 체계'라고 했다.

12) 丸山眞男(1914~1996): 일본의 정치사상가. 옮긴이.

할 수 있다. 그러나 이처럼 가까스로 살아남은 기업이 골프장의 방사능 오염 물질 제거에 관한 재판에서 대기로 퍼져나간 방사성 물질을 두고 "원래 주인 없는 물질이라고 생각하는 것이 실태에 맞다."[13]라고 단언하면서 자신에게 오염물질 제거 책임이 없다고 당당하게 주장했다. 게다가 이런 후안무치를 넘어선 주장이 받아들여져 승소까지 했다. 이번 사고로 피해를 보았거나 또 여전히 피해를 보고 있으며, 앞으로도 피해를 볼 것으로 예상되는 사람들은 무수히 존재한다. 이 재판 사례는 도쿄전력과 정부가 이들을 어떻게 대하는지를 여실히 보여주는 대목이라 하겠다.

또한, '모욕'은 원전 사고에서 멈추지 않았다. 지진과 엄청난 쓰나미를 겪고 나서 많은 국민이 재난 지역에서 자원봉사를 하거나 성금을 내면서 이재민들에게 다양한 원조 사업을 펼쳤고, 지금도 많은 사람이 계속해서 구호 활동을 하고 있다. 그런데도 관료 기구는 국민이 모두 한마음으로 천재지변의 고통을 나누겠다는 국민 정서를 각 부처의 권익과 권한의 확대를 위한 절호의 기회로만 여기고 있다. 이른바 '부흥 예산의 유용' 문제다. 2012년 9월 이런 시도가 폭로됐고,[14] 11월에는 정치적 판단에 따라 예산 집행을 정지하는 처분이 내려지기에 이르렀다.[15]

---

13) 《아사히신문》, 2011년 11월 24일.

14) NHK 스페셜 〈시리즈 동일본 대지진 — 추적 부흥 예산 19조엔(シリーズ東日本大震災 追跡 復興予算一九兆円)〉, 2012년 9월 9일.

15) "동일본 대지진 부흥 예산에 관해 정부는 27일, 모든 각료가 참가하는 부흥추진회의를 열고 피해 지역과 관련이 적은 35개 사업의 168억 엔 예산의 집행을 중단했다. 집행이 중단된 예산은 2011~12년도 예산 중 아직 계약이 성립하지 않아 국고에 남아 있는 11부성(省)의 사업이다. 청사 시설의 내진 개보수 사업과 자가발전 설비 도입을 위한 보조 사업 등에서 앞으로 부흥과 관련됐는지 의심스러운 사업이 새로 판명될 경우 각 성은 부흥상, 재무상과 협의하도록 되어 있다.

부흥 예산을 둘러싸고 전국 청사 시설의 내진 개보수 외 고래잡이 반대 단체 대책비 등 지진 피해 지역과 관련이 적은 사업에도 부흥 예산이 사용된 탓에 야당에서 비판이 나왔다. 정부는 지금까지 행정쇄신회의 등에서 검토를 거듭하여 국민 증세로 마련한 부흥 예산은 지진 피해 지역을 위한 사업에 한정

물론 이 같은 '모욕'의 열거는 시작에 지나지 않는다. 정부는 사고 발생 당시의 회의록이 존재하지 않는다고 발뺌하며 지금껏 아무렇지도 않게 실없는 변명을 늘어놓고 있다(나는 회의록의 존재를 확신하고 있다. 만일 회의록이 없다면 이는 정부의 과도한 무능 탓이므로 정부를 해산하는 쪽이 낫다). 이를 비롯하여 모욕의 사례는 얼마든지 있다. 그렇게 '우리는 모욕 속에서 살고 있는' 것이다. 또한, 여기서 우리가 명심해야 할 점이 있는데 모욕 속에서 살아가게 하는 권력 구조와 사회 구조는 3·11 사고로 시작되지 않았다는 사실이다. 이 구조는 일본 역사에서 끊임없이 존속, 유지, 강화돼 왔으며 그동안 철저히 은폐된 것들이 명백하게 드러났을 뿐이다. 요컨대, 전후 체제는 전전(戰前)이나 전중(戰中)[16]을 그대로 빼닮은 '무책임의 체계'라고 말할 수밖에 없는 부패의 산물이다.

하지만 비판해야 할 대상은 정부만이 아니다. 정부나 전력회사만이 구조적으로 부패한 것이 아니라는 사실이 이번 사고를 통해 더욱 분명해졌다. 본래 국가 권력의 감시자 역할을 해야 할 언론과 대학, 연구기관들의 황폐하기 그지없는 실상이 만천하에 드러났다.

원전 사고 발생 당시 일본기상학회 이사장이 보여준 행태를 일례로 들 수 있다. 그는 학회 홈페이지에 "학회 관계자가 불확실한 정보를 제공하는 것은 국가 방재대책에 관한 정보를 쓸데없이 혼란스럽게 한다."라거나 "방재대책의 기본은 신뢰할 수 있는 단일한 정보에 바탕을 두고 행동하는 것"[17]이라는 등의 글을 게시하며 기상 연구자들이 방사성 물질 확산 예측

해야 한다." 판단했다." 《요미우리신문》, 2012년 11월 27일)

16) 1937년 7월 중일전쟁부터 1945년 8월 15일까지를 일컫는 말. 옮긴이.

17) "일본기상학회가 회원 연구자들에게 후쿠시마 제1원전 사고로 대기에 확산되는 방사성 물질의 영

을 널리 알리려는 움직임을 저지하려고 했다.[18] 이 대목에서 "따르게 하되, 알게 해서는 안 된다."는, 이른바 어용학자다운 사고방식을 읽어내는 게 전부일까. 이사장의 말에서 특히 암담했던 부분은 "방사선 영향 예측은 국가의 원자력 방재대책으로 문부과학성의 신뢰할 만한 예측 시스템이 정비 중이며 이를 바탕으로 한 적절한 방재 정보를 제공하기로 돼 있습니다."라는 대목이다. 아마도 그는 마음에도 없는 말을 내뱉는 등 유독 성실하지 못한 인간성의 소유자는 아니리라. 다시 말해 그는 실제로 그렇게 믿는 것이다. 현대 일본 지식인의 지적 황폐를 보여주는 기념비적 발언이 아닐 수 없다.

　"따르게 하되, 알게 해서는 안 된다."라는 말에는 때로는 지적이나 교

향을 예측한 연구결과의 공표를 자제하도록 요구했다는 사실이 밝혀졌다. 이는 자유로운 연구 활동이나 중요한 방재 정보 발신을 방해할 우려가 있어 파문이 커지고 있다. 해당 문서는 3월 18일 자 학회 홈페이지에 게재됐다. 니노 히로시(新野宏) 이사장(도쿄대학 교수) 명의로 '학회 관계자가 불확실한 정보를 제공하는 것은 국가 방재대책에 관한 정보를 쓸데없이 혼란스럽게 한다', '방재대책의 기본은 신뢰될 수 있는 단일한 정보에 기초하여 행동하는 것' 등의 내용이 적혀 있다. 니노에 따르면, 사고 발생 후 대기 중 방사성 물질의 확산을 컴퓨터로 해석하고 예측하려는 움직임이 회원 사이에 퍼지는 것을 우려해 문서를 작성했다고 한다. 정보 공개를 억제하는 문서에 불만이 높아지면서 인터넷상에서는 '학자가 할 말이 아니다', '시대착오'와 같은 비판이 이어졌다. '연구를 그만둬야 하나' 등 회원들로부터 항의가 있자 니노는 '연구는 중요하지만, 방사성 물질의 확산에 특화된 예측 방법이 아니다. 사회적 영향도 있으니 정부 측에서 먼저 만들어야 한다고 생각한다'고 말했다. 그러나 이번 원전 사고에서 원자력 안전위원회의 SPEEDI 예측과 발표는 지나치게 늦은 감이 있다. 지진 재해 발생으로부터 열흘 이상 지난 23일 발표됐는데 국민의 불안감이 널리 퍼진 뒤였다.
기상학회 회원이기도 한 야마가타 도시오(山形俊男) 도쿄대 이학부장은 '학문은 자유로워야 한다. 문서를 봤을 때 조금 두렵기까지 했다'면서 '단, 국민의 불안심리를 부채질하는 것도 좋지 않다. 훌륭한 뜻을 모아 연구하고 정부에 적절한 조언을 건네야 한다'고 말했다. 화산 방재에 종사하는 고야마 마사토(小山眞人) 시즈오카대 교수는 일찍이 운젠산 분화와 화쇄류의 위험성 전파에 실패했던 경험을 바탕으로 '통지는 '패닉신화'에 침범 당했다. 주민은 여러 개의 정보를 얻고 비로소 안심하거나 피난을 하기도 한다. 학회의 수장이 정보 통제를 명령하는 것은 학회의 자살 선언이나 다름없다'고 말했다." 《아사히신문》, 2011년 4월 2일) 이사장의 메시지는 http://www.metsoc.jp/others/News/message_110318.pdf에서 확인할 수 있다.
18) 동일한 사례는 후쿠시마 현 방사선 측정으로 유명해진 기무라 신조(木村眞三)의 사고 당시 직장이었던 독립 행정법인 노동안전위생 총합연구소가 같은 연구소 연구원에게 조사 활동을 금지한 사실에서 전형적으로 발견할 수 있다. 즉각 사표를 낸 기무라는 조사계몽 활동에 전념하고 있다.

활한 지배자의 원칙이 담겨 있다. 이와 달리 진심으로 말하지만 의미를 알 수 없는 "적절한 방재 정보를 제공하기로 돼 있습니다."라는 말은 지성의 붕괴를 단적으로 보여준다. 자신도 그것이 어떤 의미인지 모르는 것이다. "적절한 방재 정보가 제공되고 있습니다.""적절한 방재 정보가 제공된다고 믿고 있습니다.""적절한 방재 정보가 제공될 것으로 기대합니다."라고 한다면 그나마 낫다. 그러나 실제로는 적절한 정보가 나오지 않았으므로 "제공되고 있습니다."라는 표현은 객관적 사실과 거리가 먼 셈이다. 그래서 이사장은 애초부터 '믿는다' 또는 '기대한다'고 주관적 확신을 담아 말했어야 한다. 그러나 그는 그러지 않았다. 그럴싸한 지위만 누리고 있었지 '신념의 표명' 차원에서 말하지 않았다. '~하기로 돼 있다' 식의 화법은 발화자의 주관적 확신인지 아니면 객관적 사실을 말한 것인지 판단할 수 없는 정체불명의 표현일 뿐이다. 어용학자의 말이라고도 볼 수 없다. 주체성이라고는 눈을 씻고 찾으려야 찾아볼 수 없는 자의 말이다.

학계는 또 어떤가. 대학에 만연한 현재 상황에 관해서도 한마디 덧붙일 필요가 있다. 공학 계열 학부와 원자력 관련 기업과 조직은 이해관계로 밀접하게 얽혀 있다. 이들의 강고한 동맹이 원자력에 대한 모든 비판을 조직적으로 봉쇄해왔다는 사실은 새삼스레 말할 필요도 없다. 그러나 일이 이 지경에 이르러서도 여전히 원전 문제를 터부시하는 분위기는 일부 대학에서 추악한 전체주의를 형성하고 있는 것처럼 보인다.

도쿄의 어느 유명한 사립대학에서 일어난 사건을 보자. 2011년 10월, 그곳 문학 동아리가 소설가 다카하시 겐이치로에게 강연을 요청했다. 작가가 강연 제목이 《사랑하는 원전》[19]을 퇴고하며 – 3·11 이후를 말하다'라고 주최 측에 알리자, 대학 당국이 발칵 뒤집혀 강연회 홍보 활동을 금지하고 나섰다. 이 사건은 작가의 트위터를 통해 알려지면서 많은 이로부터 주목을 받았다.

그 덕분인지 강연 내용에 대한 외압은 없었던 것 같지만 이 소동은 오늘날 대학의 성격을 여지없이 드러냈다. 강연 제목은 그 자체로 정치적 주장을 담고 있지도 않았고 명확하게 탈-반원전 메시지를 전하지도 않았다. 도쿄를 중심으로 탈(脫) 원전, 반(反) 원전 집회·시위가 계속되자 이 정도 '낌새'만으로도 대학 당국을 자극하기에 충분했던 것이다. 그동안 대학이 표방해온 '다양한 의견', '다양한 가치관' 그리고 '대화'라는 훌륭한 이념은 이미 명분으로조차도 기능하지 않는다는 사실을 알 수 있다. 다시 말해 진보적인 성향의 슬로건은 특정 권력의 '성역'을 아예 건드리지 않는 조건으로 대학인에게 허락된 공허한 이념이자 말장난에 지나지 않음을 방증한 셈이다.

언론과 재계에 관해서도 간략하게 한마디 하고 싶다. 이른바 '마스고미[20]' 비판이 거세지고 있다. 물론 비판받는 모든 언론과 관계자가 어용 보도에 열을 올리지는 않는다. 그들에게는 조직적으로나 개인적으로 보도와 관련하여 다양한 자세와 논조가 있을 것이다. 다만 언론의 지배적인 보도 자세가 '변화'를 촉구하는 쪽인지, 아니면 '모욕'의 체제 유지에 가담하고 있는지는 살펴볼 필요가 있다. 이런 관점에서 보자면 많은 보도 기관이

---

19) 高橋源一郎(1951~): 일본의 소설가·평론가. 언급된 작품은 《恋する原発》, 2011, 講談社. 옮긴이.
20) 'マスコミ(매스미디어, 대중언론)'와 'ゴミ(쓰레기)' 합성어로 언론과 그 언론을 추종하는 시청자를 비판할 때 쓰는 말. 옮긴이.

후자에 속하고 있음이 명백하다. 물론 매스컴은 '객관적 보도'에 철저해야 하며, 특정한 정치적 입장을 표방하지 말아야 한다는 원칙이 있다. 하지만 그렇다면 왜 베트남에 있는 중국 대사관 앞에서 항의하는 수십 명에 관해서는 신속하고 자세하게 보도하면서, 일본 수상관저 앞에 운집한 수만 명 시민에 관해서는 그렇게 보도하지 않는 것일까? 이처럼 사실상 '객관적 보도'라는 것은 아예 존재하지 않는다.

재계의 경우에도 다양한 속사정이 있겠지만, 원자력을 둘러싼 근본적인 노선 전환의 최대 걸림돌이 주류파라는 점에는 의문의 여지가 없다. 사실인즉, 우리를 지긋지긋하게 할 정도로 강요한 '일본의 정치는 이류, 경제는 일류'라는 정설(다음 절 '전후 일본'에서 자세히 서술)이 실은 케케묵은 신화에 불과한 것은 아니었을까? 실제로 이 나라의 경제계를 대표하는 인물은 건물이 잇따라 한순간에 날아가는 폭발을 뻔히 보면서도 "천 년에 한 번 올까 말까 한 쓰나미를 견뎌내는 것은 대단한 일이다. 원자력 행정에 종사하는 사람들은 기죽지 말고 더 힘을 내야 한다.[21]"고 지껄였다. 마치 '어리석음'이라는 관념의 결정체가 생명을 얻어 뭔가 말하고 있는 듯한 광경이었다. 국가의 산업을 이런 인물들이 대표하고 이끌어가고 있다는 것, 그들 밑에서 우리는 일하면서 일용할 양식을 얻지 않으면 안 되는 현실, 이것은 중대한 '모욕'이다.

---

21) "일본 게이단렌 요네쿠라 히로마사(米倉弘昌) 회장은 16일 도쿄에서, 기자단에게 후쿠시마 제1원전 사고를 '천 년에 한 번 있을 법한 수준의 쓰나미를 견뎌낸 것은 훌륭한 일이다. 원자력 행정은 조금 더 자신감을 가져야 한다'며 국가와 도쿄전력을 옹호했다. 이번 사고를 미국 스리마일 섬의 원전 사고를 뛰어넘는 중대사고로 보는 의견이 강한 만큼, 위 발언은 파문이 클 것으로 예상된다. 요네쿠라 회장은 사고가 점차 수습돼가는 중이라 보고 '원자력 행정이 전환점에 도달했다고는 생각하지 않는다', '행정은 불안감을 조성하지 않도록 정확한 정보를 제공하기 바란다'고도 했다. (후략)"《홋카이도신문(北海道新聞)》, 2011년 3월 17일)

'무책임'의 심연

　'일본적 무책임' 또는 '무책임의 체계'라는 말을 내뱉기는 쉽다. 하지만 우리는 그 '무책임'의 심연이 어떤 것인지를 보아야 한다. 우리는 대부분 '그때 그 전쟁'[22]으로 내달리던 과거 일본의 모습에 현재를 겹쳐 보았을 것이다. 호언장담, '불편한 진실'의 은폐, 근거 없는 낙관, 자기 보신, 아첨과 추종, 비판적 합리 정신의 결여, 권위와 그 분위기에 대한 맹종. 그리고 무엇보다도 타인에게 아무렇지도 않게 끝없는 희생을 강요하면서도 그 뒷감당은 하지 않는, 아니, 정확하게 말하면 뒷감당을 해야 한다는 의식 자체가 애초에 없는 정신세계… 등을 말이다. 바로 이런 것들이 약 70년 전, 300만을 넘는 국민의 생명을 앗아갔다. 그것은 권력을 가진 자들 개인의 자질 문제로 돌릴 일이 아니었다. 다시 말해 우연한 일이 아니었다. 전쟁이 끝난 직후 열린 도쿄재판[23]에서 전쟁 책임자들은 "별로 전쟁을 바라지는 않았으며, 내심으로는 반대했으나 어쩔 수 없는 상황에 전쟁으로 내몰릴 수밖에 없게 됐다."라고 증언했다. 이런 언동에 마루야마 마사오는 분노하며 '체제, 그 자체의 퇴폐'[24]라고 지적했다. 원전 사고 이후 나는 오래전 읽었던 마루야마의 일본 파시즘 분석[25] 부분을 다시 읽고 두려울 정도로 우

---

22) 태평양전쟁. 옮긴이.

23) 1946년 열린 제2차 세계대전 전범재판으로 정식 명칭은 극동국제군사재판. 옮긴이.

24) 마루야마 마사오(丸山眞男), 〈군국지배자의 정신형태(軍国支配者の精神形態)〉, 《마루야마 마사오 셀렉션(丸山眞男セレクション)》, 平凡社ライブラリー, 2010, 153쪽.

25) 〈초국가주의의 논리와 심리(超国家主義の論理と心理)〉, 〈군국지배자의 정신형태(軍国支配者の精神形態)〉, 《마루야마 마사오 셀렉션(丸山眞男セレクション)》, 平凡社ライブラリー, 2010.

리 현실과 맞아떨어진다는 사실을 인정할 수밖에 없었다. 가사이 기요시[26]는 태평양전쟁의 경위를 개괄한 뒤 다음과 같이 서술하고 있다.

일목요연하게 말하자면 망상에 사로잡힌 전쟁 책임자의 자기 과신과 공상적 판단, 근거 없는 희망, 무책임한 우유부단과 혼미, 임기응변식 대처 방침의 남발 등일 것이다. 이 모두가 2011년 후쿠시마 원전 사고에서 적나라하게 재현된다.[27]

정말이지 딱 그대로다. 게다가 이 '모든 것'은 재현됐을 뿐 아니라 사고의 원인 자체다. 전(前) 후쿠시마 현 지사 사토 에이사쿠(佐藤栄佐久)는 원자력 행정 문제로 정부, 도쿄전력과 대립했다가 국정조사를 받았다. 괘씸죄라는 의혹을 받으며 결국 뇌물 수수 사건 연루로 자리에서 쫓겨났다. 그는 사고 발생 2년 전 다음과 같이 말한 적이 있다.

(2005년) 10월 11일, 국가 원자력 위원회의 양해를 얻은 '원자력 정책 요지'는 14일 각료회의에서 국가의 원자력 정책으로 결정됐다. 물론 후쿠시마 현이 제출한 의견은 전혀 반영되지 않았다. 국민의 의견은 형식적으로만 듣고, 지금까지의 노선을 억지로 끌고 가고 있다. 일본 원자력 행정의 체질을 고스란히 보여주는 결정 방식이다.
하지만 원자력 위원과 책정회의 위원 한 사람 한 사람에게 핵연료 사이

---

26) 笠井潔(1948~): 일본의 소설가·문예평론가. 옮긴이.

27) 가사이 기요시,《8·15와 3·11−전후 역사의 사각(8·15と3·11−戦後史の死角)》, NHK出版新書, 2012, 87쪽.

클 계획이 정말로 잘 진행될지 물어본다면 실제로 고속증식로가 제대로 가동하리라고 믿는 사람은 아무도 없다. 롯카쇼무라[28] 재처리 시설을 가동해서 생산하는 플루토늄이 플루써멀[29] 정도로 전부 소진되리라고는 생각하지도 않을 것이다. 아울러 핵폐기물의 처리 방법에 관해 구체적인 방안이 있는 사람도 없다. 그런데도 책임자의 얼굴은 보이지 않고, 아무도 책임지지 않는다. 서로 얼굴만 쳐다보는 일본형 사회. 마치 레밍[30] 떼처럼 파국을 향해 전력으로 질주할 결의라도 굳힌 것일까? 바로 60년쯤 전, 대의명분도 없고 승산도 없었던 전쟁으로 뛰어든 것처럼 말이다. 이것이 내가 '일본 병'이라 부르는 연유다.[31]

사토의 말은 섬뜩할 정도로 정확한 예언이 됐다. '파국'이 고작 2년 뒤에 찾아온 것이다. 이번 원전 사고가 무엇보다도 견디기 힘들었던 이유는 피해 예측이 어려워서가 아니라 우리 사회의 근본적인 성격이 필연적으로 불러올 수밖에 없었던 사건이라는 점에 있다. 그때 그 전쟁의 와중에서도 너무도 많은 사람이 '모욕' 속에서 죽음으로 내몰렸다. 그리고 지금 우리는 그 모욕의 체제가 거의 훼손되지 않은 상태로 눈앞에 우뚝 솟아 있는 장면을 목격하고 있다. 다시 말해 사망자들은 여전히 개죽음과 다름없는 상태로 방치됐다는 의미다. 따라서 우리가 모욕의 체제에 대항하는 것은 단

---

28) 六ヶ所村: 아오모리 현에 위치한 핵연료 재처리 공장이 있는 곳. 옮긴이.

29) Plu-thermal utilization: 플루토늄과 우라늄을 혼합한 산화물 연료를 사용해 발전하는 방식. 옮긴이.

30) '나그네쥐'라고도 불리는 설치류의 일종으로 집단자살을 한다. 이런 이유로 집단주의적 습성에 비유되기도 한다. 옮긴이.

31) 사토 에이사쿠(佐藤栄佐久), 《지사말살―만들어진 후쿠시마 현 부정사건(知事抹殺―つくられた福島県汚職事件)》, 平凡社, 2009, 106~107쪽.

지 우리 삶을 연명하기 위해서만이 아니라 죽은 자들을 위해 벌이는 싸움이기도 하다.

'전후', 원자력 사고의 의미

후쿠시마 원전 사고의 역사적 의미는 '평화와 번영'이라는, '전후'를 지탱해온 일본의 첨단 기술에 대한 자부심을 갈기갈기 찢어놓았다는 사실과 국토에 돌이킬 수 없는 상처를 준 데에서도 찾을 수 있다. 하지만 원전 건설이 상징하는 성장 제일주의 국토개발 방식을 근본적으로 의심해봐야 할 상황에 직면했다는 사실에서 더 큰 의미를 찾아야 한다. 석유파동 이후 고도성장이 끝나가는 시점에서 후쿠시마 현 하마도리(浜通り)를 비롯한 대부분 지역은 별다른 성장 동력을 찾아내지 못한 채 원전 시설을 유치할 수밖에 없었다. 석유화학 공업단지 건설 계획이 좌절된 부지에 잇따라 원전 시설이 들어선 아오모리(青森) 현 무쓰오가와라(むつ小川原) 지역이 대표적이다.[32] 성장 방식을 바꿔야 했지만 대안을 찾지 못했던 40년이라는 긴 시간은 중앙과 주변의 차별적 구조를 유지하게 했다. 그리고 이제 우리는 그 잘못을 뼈저리게 깨닫고 있다.

그런 점에서 우리는 대부분 '모욕'의 피해자이며 동시에 가해자다. 우리는 이런 인식에서 출발해야만 한다.

---

32) 경위에 관해서는 요시미 순야(吉見俊哉)《포스트 전후 사회―시리즈 일본근현대사⑨(ポスト戦後社会―シリーズ日本近現代史⑨)》岩波新書, 2009, 127~134쪽을 참조할 것. 이 책은 2013년 국내에《포스트 전후 사회》라는 제목으로 최종길의 번역으로 어문학사에서 출간됐다. 옮긴이.

제2절

—

'전후'의 종말

전율을 일으키는 이런 정세 속에서 내게는 의심할 여지가 없는 확신이 하나 있다. 바로 '전후'라는 역사의 단락으로 오랜 기간 지속됐던 하나의 시대가 확실하게 끝났다는 믿음이다. 달리 말해 동일본 대지진과 쓰나미 사고로 '전후'라는 판도라의 상자가 열렸다는 것이다. 이는 '평화와 번영'의 시대가 완전히 끝나고 '전쟁과 쇠퇴'의 시대가 왔음을 뜻한다. 아울러 지금까지 '전후'를 총괄한 기본적인 신화(곧 '평화와 번영')를 근본부터 다시 해석해볼 때가 됐음을 의미한다. 지금 우리가 목도하는 전반적인 부패에서 필연적으로 '전쟁과 쇠퇴'가 시작됐다면, 이 모든 것이 '평화와 번영'의 행복한 이야기에서 태어났기 때문이다. 전쟁의 참화를 딛고 이룩한 복구와 놀라운 경제 발전으로 가난에서 벗어나 부유해졌다는 행복한 미담 이면에서 우리는 대체 어떤 사회 구조와 권력 구조를 만들었고, 또 그것을 은폐해왔을까? 우리는 지금 이 문제를 직시해야만 한다.

그래서 우리는 다시금 역사와 마주해야 한다. 한마디로 '전후'='평화와 번영'이라는 신화를 비판적으로 재검증해야 한다. 더 엄밀하게 말해서 이 이야기가 내포한 '전쟁과 쇠퇴'로 뒤바뀔 가능성을 확실하게 찾아내야 한다. 왜냐면 앞서 말했듯이 우리는 외재적이고 (그야말로 자연재해와 같은) 우발적인 현상으로 '모욕'을 감수한 것이 아니라 오랜 시간 준비되고 집요하게 잠재하던 것이 우연한 계기로 드러난 상황에 직면했기 때문이다.

'전후 종말'의 징후—한계를 드러낸 '부인(否認)의 구조'

'전후'가 끝났음을 확신하는 이유는 동일본 대지진과 원전 사고 이후, 이 나라의 권력과 사회가 급속히 '혼네 모드'로 들어선 것처럼 보인다는 데 있다. 단적인 예로 후쿠시마 원전 사고를 계기로 개정된 원자력 기본법을 들 수 있다. 2012년 6월에 제정된 원자력규제위원회설치법 제1조의 문면(文面)에 맞게 원자력 기본법 제2조의 내용이 다음과 같이 바뀌었다.

원자력 이용은 평화로운 목적에 한정하고, 안전 확보를 취지로 하여 민주적인 운영 아래 자주적으로 이용해야 하며, 그 성과를 공개하고 나아가 국제협력에 이바지한다.
2. 전항의 안전 확보에 관해서는 확립된 국제적인 기준을 바탕으로 국민의 생명, 건강 및 재산 보호, 환경 보전 및 우리나라의 안전보장에 이바지하는 것을 목적으로 한다.

문제시되는 것은 이번에 추가된 제2항 문구 '우리나라의 안전보장에 이바지하는 것'의 내용이다. 핵 기술의 군사적 이용에 길을 터준다는 우려

섞인 국내외 반응에 대해 정부 관계자와 어용 정치평론가들은 제1항에 있는 '평화 이용'의 대원칙이 잘 지켜진다는 점을 강조했다. 그뿐 아니라 어떤 이들은 우려를 표명한 보도에 대해 '대부분 오보 수준'[33]이라고까지 말했다. 이런 상황은 무지에서 비롯된 오해일까, 아니면 기만적인 궤변일까?

대답은 틀림없이 후자다. '안전보장'이라는 문구 삽입이 핵무장(적어도 그 잠재력의 양성)을 지향해온 자민당이 주도하여 이뤄낸 사정도 물론이지만, 드러난 문구 그대로 봐준다고 해도 이것은 전후 최대의 금기를 돌파하려는 명확한 시도라 할 수 있다. '원자력=핵기술'이 안전보장에 관련된다면 상식적으로 생각해도 이것이 핵무기 개발과 설치를 의미한다는 사실은 너무도 명백하다. 또한, '평화로운 목적에 한정한다'는 문구가 과연 절대적인 제동 장치로 기능할 수 있을까? 고도로 정치적인 문제여서 순수하게 법리적으로 대답할 수 있는 문제는 아니지만, 단적으로 말해 '평화로운 목적에 한정한다'와 '안전보장'(즉, 핵무장) 사이에 큰 모순은 없다. 핵무장 정당화의 구실로 '마음에 들지 않는 다른 나라의 국민을 모두 죽이기 위해'라고 선언하는 국가는 세상 어디에도 없으니까. 그 대신 다른 나라의 위협에 대하여 반드시 자국을 지키고, 핵으로 무장함으로써 도리어 핵전쟁을 피할 수 있으므로 핵무장을 결단한다는 논리에서 핵무장 정당화의 구실을 찾을 수 있다. 요컨대, 표면상으로는 '평화를 위한 핵무장'이며, 그 구실을 정당화하는 논의는 '상호 확증 파괴'나 '공포의 균형'[34] 같은 형태로

---

33) 〈원자력기본법 개정 '남몰래 군사적 이용으로'이라는 오보와 그 책임(原子力基本法改正 'こっそり軍事利用へ' という誤報と, その責任)〉, 原英史 http://getnews.jp/archives/227394(2013년 2월 8일 열람)

34) '상호 확증 파괴'는 핵 억지론의 기본이 되는 사고방식이다. 핵무기를 보유한 두 나라가 상대에게 핵 공격을 받았을 때 양국 모두 적에게 파괴적인 타격을 주는 보복을 확실히 할 수 있는 태세를 가리킨

오랜 세월 여러 나라에 축적돼왔다. 그렇다면 '원자력 헌법'에 '안전보장' 이라는 네 글자가 들어간 지금, 일본의 핵무장을 국내법 차원에서 금지하는 근거는 사라졌다고 볼 수밖에 없다[35][단 공공연하게 핵무장을 결단하는 것은, NPT(핵확산금지조약) 체제 이탈, IAEA(국제원자력기구) 탈퇴를 의미하므로 현실적으로는 장애물이 지극히 많다는 사실을 지적해두고 싶다].

　이처럼 드러난 핵무기를 둘러싼 현재의 사태는 새삼스러운 일이 아니다. '비핵 삼원칙'[36]을 내세우면서도 실제로는 미군이 오키나와(沖繩)에 핵무기를 반입하고 있었던 것이 별로 놀랍지 않은 일이라는 사실과 본질적으로 마찬가지다. 오키나와 핵 밀약이 일반인에게 알려졌을 때(2010), 우리 중 어느 누가 그런 일은 '상상조차 하지 못했다'고 말했겠는가. 이는 사실상 누구나 '어렴풋이 알았던' 밀약을 정부가 공식적으로 인정한 것에 지나지 않았고, 당시 사회에 아무런 충격을 주지 못했음이 그 방증이다. 또한, 비핵 삼원칙의 창시자이자 노벨평화상 수상자인 사토 에이사쿠(佐藤栄作)가 서독에 핵무기 개발에 관한 비밀 협의를 제안한 것도 밝혀졌는데,[37] 이런 경위를 거쳐 1969년 작성된 외무성 기밀문서《일본 외교 정책 대강》에 '핵무기에 관해서는 당분간 핵무기를 보유하지 않는 정책을 택하지만 NPT 참가 여부와 관계없이 핵무기 제조에 관한 경제적·기술적 가능성은 항상 열어두고, 아울러 이에 관해 제약을 받지 않도록 배려한다'고 적혀 있

다. 이런 상태가 '공포의 균형'에 이르게 하고, 핵 억지를 실현한다고 보는 것이다.

35) 원자력기본법이 개정된 것과 완전히 같은 시기에 우주항공연구 개발기구(JAXA) 설치법(JAXA법)이 개정됐고 우주 개발 목적을 평화적으로만 한정하는 조문이 삭제된 것도 이 같은 맥락이다.

36) 핵무기를 보유하지 않고, 만들지 않고, 반입하지 않는다. 옮긴이.

37) NHK스페셜(NHKスペシャル)〈특종 다큐 '핵을 바란 일본'(スクープドキュメント '核を求める日本')〉, 2010년 10월 3일.

던 것도 우리는 이미 알고 있다. 이처럼 전후 일본의 주류 권력의 속내가 어떠했는지는 자명해졌다. 놀라운 것은 '평화헌법과 비핵 삼원칙을 내건 세계 유일의 피폭국'에서 이런 사건들이 발생하고 있는 사실을 우리는 의식하지 않았지만 이미 알고 있었고, 동시에 계속 부인해왔다는 점이다.

오늘날 일본 사회가 '혼네 모드'로 들어선 상황은 '부인의 구조'가 급속히 무너지고 있음을 보여준다. '알고 있으면서도 표면상 입에 올리기 꺼렸던 진심'을 잇따라 말하기 시작했다. 어떤 의미에서는 당연하다. 원전 사고를 계기로 이 나라 사회·권력의 본심이 확실히 드러났으니 이제 와서 애매하게 감춰야 할 이유 따위가 없어진 셈이다. 마치 자신의 비열함을 들킨 비열한 놈이 비열한 행동을 주저할 이유가 없어진 것과 마찬가지다.

그리고 '부인의 구조' 붕괴 현상은 핵무기 문제에만 국한되지 않는다. 일본의 긴박한 국제 정세(와 이에 대한 일본 사회의 반응) 또한 '부인의 구조'가 이미 한계에 다다랐음을 다음과 같이 보여준다.

우선, 일미 관계의 본질이 노골적으로 드러났다는 점을 들 수 있다. 최근 TPP(환태평양경제동반자협정) 문제를 두고 미국 정부 정책과 일본 국민(대부분) 이해 사이에 충돌이 있었는데, 이를 더는 감출 방법이 없어 보인다. 정세가 더욱 긴박해지는 곳은 바로 오키나와다. 2012년 7월 1일 나카이마 히로카즈(仲井眞弘多) 오키나와 현 지사는 미군의 수직 이착륙 수송기 MV22 오스프레이의 오키나와 배치 문제에 관해 "배치를 강행하면 모든 미군 기지를 폐쇄할 수밖에 없다."[38]라고 했다. 이 발언은 오키나와 보수와 진보의 대립 구조―즉, 기지를 찬성하는 보수 세력과 반대하는 진보

---

38)《류큐신보(琉球新報)》, 2012년 7월 1일.

세력 간 대립—의 역사(와 이에 대한 나카이마 지사의 위치)를 고려한다면 충격적이다. 더욱이 2012년 12월 중의원 선거에서 오키나와 자민당은 후텐마(普天間) 기지의 현외 이전을 공약으로 내세워 선거를 치렀다. 이것은 곧 오키나와의 모든 정치 세력 가운데 미군기지의 존속에 가장 '이해심을 보이는' 세력조차도 '현외 이전'을 내세우지 않을 수 없는 상황이었음을 말해준다. 하토야마[39] 정권 때만 해도 본토 사람들은 대부분 후텐마 기지 이전 계획이 뜬구름 잡는 이야기라고 생각했다. 그러나 이제 몽상에 빠진 쪽은 오히려 본토 사람들이다. 대부분 본토인이 오키나와 사람들의 분노가 이렇게까지 높은지 실감하지 못하고 있다. 그런데 이것은 과연 오키나와의 상황이 너무나 특수하고 예외적이기 때문일까? 그렇지 않다. 다음 절에서 서술하겠지만, 오키나와의 현재 모습은 거울에 비친 일본 주류의 '진짜' 모습과 다름없을 뿐이다.

또 하나 주목할 점은 미국을 제외한 이웃 나라들과의 관계 개선과 선린 측면에서 상호불신이 지속·심화하는 현재 상황이다. 대표적 사례가 2012년 도쿄 도지사 이시하라 신타로(石原愼太郎)가 센카쿠(尖閣) 열도를 매입하겠다며 일으켰던 소동이다. 근대 주권국가에게 영토는 바뀌기 어려운 결정적인 문제다. 실제로 국가는 불모의 사막이나 사람이 살지 않는 초원을 지나가는 한 줄기 선의 위치를 위해 사람들에게 피를 강요했다. 제2장에서 다루겠지만, 일본에는 사실상 세 가지 영토 문제[북방 영토, 다케시마(竹島), 센카쿠 열도]가 있다. 이 가운데 센카쿠 열도 문제가 가장 다급해 보이는데, 실제로 열도를 둘러싸고 양국이 실제로 총격을 주고받을 가능성

---

39) 鳩山由紀夫(1947~): 민주당 출신 93대 총리로 오키나와 미군기지 이전 공약을 내세웠다. 옮긴이.

이나 개연성이 충분하다. 앞서 언급했듯이 영토 문제에서는 양보가 매우 어렵다. 더욱이 센카쿠 열도 문제에는 부근 해역에 천연자원이 매장돼 있다는 실리적 측면도 있다. 역사적 사실에 비춰 볼 때 국가는 불모지를 놓고서도 전쟁을 해왔기에 이곳에서 전쟁이 일어날 가능성을 부정하기는 어렵다.

이런 대외 문제의 두 측면이 서로 밀접하게 연관돼 있음은 명백하다. 또한, 문제의 본질을 파고 들어가면 언제나 '대미 종속' 구조로 귀결된다. 러시아를 포함한 아시아의 여러 국가를 향해 일본이 배타적 내셔널리즘을 행사하는 것은 의식적으로든 그렇지 않든 주일 미군의 압도적 존재감에 기댄 상태에서만 가능하다. '동양의 고아' 일본이 앞으로도 아시아를 전혀 개의치 않는 응석받이 의식을 깊이 새길수록 일본을 두둔하는 미국과의 관계는 밀접해질 수밖에 없다. 결국, 미국의 요구라면 부조리해도 반드시 들어줄 수밖에 없다는 결론에 이른다. 그렇게 대미 종속이 아시아에서 일본의 고립을 부채질하고, 그 고립이 다시 대미 종속을 강화하는 악순환이 이뤄진다. 또 이런 구조를 바탕으로 애국주의를 표방하는 우파가 '친미 우익'이나 '친미 보수'를 자임하는, 바꿔 말해 우파의 정체성 지탱을 위해 타국의 힘으로 내셔널리즘의 바탕을 이루는 매우 기괴한 구조가 정착됐다.

그러나 2008년을 기점으로 표면에 드러난 세계적 경제 위기는 일미(日美) 간 종속 구조를 재편했다. 호혜적 관계를 수탈 구조로 바꿔가고 있는 것이다. 덧붙인다면, 이런 경향은 1980년대부터 서서히 모습을 드러냈으며, 냉전 체제 붕괴라는 큰 판세를 고려하면 당연하고도 필연적인 결과라고 할 수 있다.

'전후'의 본질

그렇다면 왜 우리는 이런 사정을 자명하게 인식(부인)하지 못할까? 정신분석학 관점에 따르면 문제의 근원으로 거슬러 올라갔을 때 문제는 해소된다. 우리가 놓여 있는 상황이 역사의 산물인 만큼, 우리가 거슬러 올라가야 할 대상은 역사 자체와 역사 인식의 전제가 되는 역사적 틀이다. 그리고 그 역사 인식의 틀이 바로 '전후' 개념이다. '우리가 사는 시대는 전후'라는 역사 감각과 '평화와 번영'을 기조로 하는 이야기 틀이 '부인의 구조'를 이뤄왔다.

이제 다시금 묻건대, 도대체 '전후'란 무엇인가? 미국인 일본학자 캐럴 글럭(Carol Gluck)은 다음과 같이 서술했다.

현재 일본은 민주주의도, 평화도, 번영도 모두 '전후'에 그 기원을 두고 있으며 진정성마저도 여기에 빚지고 있다. 전후에 매달리는 것은 곧 현재 상태에 만족한다는 표현이었다. 오랫동안 개헌 추진을 정치적으로 어렵게 한 헌법을 광범위하게 지지한 일에도 같은 말을 할 수 있다. 많은 일본인이 '평화헌법'을 경제 번영과 결부해서 생각하고, 자신이 살아온 시대를 명목상 '전후'라고 부르는 데 불만이 없기 때문이다.[40]

이 글은 1993년에 발표됐는데, 좋든 싫든 시대가 변했음을 실감하지

---

40) 캐럴 글럭, 《현재 안의 과거(現在のなかの過去)》, 앤드류 고든(Andrew Gordon) 편집, 나카무라 마사노리(中村政則) 번역 감수, 《역사로서의 전후 일본 상권(歷史としての戰後日本 上)》, みすず書房, 2001년, 195쪽.

않을 수 없다. 지난 20년 사이에 민주주의 허구는 폭로됐고, 평화는 군사 위기로 치닫고 있으며, 경제 번영은 사라졌다. 매달려야 할 '전후'는 이제 어디에도 보이지 않고, 만족할 만한 현재 따위는 어디에도 없다. 다시 말하지만 지금 드러나는 전반적인 부패는 '민주주의·평화·번영' 신화의 한복판에서 만들어졌다. 따라서 우리의 '전후'관(觀)에 근본적인 잘못이 있음을 인정해야 한다.

돌이켜보면 '버블 붕괴 이후 정체된 일본 사회는…' 식의 말투는 지난 10여 년을 거치면서 이미 상투적인 문구가 됐다. 대체로 이 말은 경제성장률 제로를 의미하는데, 정체를 일으킨 요인은 세계화 적응 실패와 혁신의 부재 등 종국에는 일본인의 '내향적인 섬나라 근성'과 같은 모호한 문화 본질주의적 설명으로 적당히 얼버무리면서 마무리된다(지금 가장 유행하는 버전은 일본은행의 금융 정책 실패담이다). 그러나 3·11, 특히 원전 사고를 둘러싼 여러 문제와 정세로 알게 됐듯이 우리 사회 밑바닥에 깔린 문제(이 문제는 20년에 걸쳐 헤어나지 못하고 있는 폐색·정체 상태의 근본적인 원인과도 연결된다)의 깊이는 이 정도로 끝이 아니며, 또 문화 본질주의에 바탕을 둔 모호한 개념으로 설명할 수도 없다. 사고를 계기로 '유사전제'[41] 같은 부패한 정치권력 구조가 확연히 모습을 드러냈다. 그리고 '봉건 잔재'는 이런 권력 구조를 지지하고 이웃 나라들에 참화를 일으키며 온 국민을 파멸의 구렁텅이(태평양전쟁)로 몰아넣는 데 일조한 일을 반성의 토대로 삼는 시민사회 여러 기관(대학과 언론 단체 등)을 지금도 여전히 옥죄고 있다.

---

41) 有司專制: 관료의 전횡. 옮긴이.

역사의 지배와 현실의 지배

지금까지 말한 내용은 '전후'를 인식한 뒤에 끝내자는 이야기다. 헤겔은 "미네르바의 부엉이는 황혼 무렵에야 날아오른다."[42]라고 했다. 다시 말해 대상을 온전하게 인식할(미네르바의 부엉이가 날아오를) 때 그 대상은 본질을 간파당한 허물을 남기고 끝을 맺는다(황혼 무렵이 찾아온다). 지금 우리는 '전후'라는 개념을 밑바닥의 밑바닥까지 들여다봄으로써 끝내야 하는 역사적 순간에 서 있다.

누군가는 말할지도 모르겠다. 사람들에게 역사 인식이나 역사적 감각을 되묻고 쇄신하는 일에 현실적으로 얼마나 의미가 있느냐고. 또 지금 드러난 부패 구조를 바꿔나가는 사업에 어느 정도의 공헌을 기대할 수 있겠느냐고. 하지만 역사 인식의 프레임을 바꾸는 일은 현실을 변혁하는 데 매우 중요하다고 생각한다.

예컨대 소비에트 연방이 페레스트로이카에서 체제 붕괴로 이어질 때 사람들의 역사 인식의 변화는 대단히 중요한 역할을 했다. 현지에서 오랜 기간 취재 활동을 했던 미국인 저널리스트 데이비드 렘닉(David Remnick)에 따르면 체제의 근본적인 정통성을 흔들고, 최종적인 붕괴로 내몬 것은 페레스트로이카 정책(재건·시장 경제의 부분적 도입)보다도 글라스노스트 정책(정보 공개)이었다. 글라스노스트는 역사적 사실, 특히 스탈린 정권이 자

---

42) 헤겔의 《법철학》 서문에 등장하는 문구로 '어떤 사상이든 그 역사가 끝나지 않으면 진정한 모습을 찾아볼 수 없다'는 의미. 이 말이 사상적으로 품고 있는 의미에 관해서는 시라이 사토시(白井聡), 《'물질'의 봉기를 향해-레닌, '힘'의 사상(『物質』の蜂起をめざして-レーニン, 〈力〉の思想)》, 作品社, 〈부록: 종말의 인식론-레닌의 '재발견'에 기대어(補論·終末の認識論-レーニン "再見"に寄せて)〉를 참조하기 바란다.

행한 억압과 잔혹 행위에 관한 조사와 정보 공개를 포함하고 있었다. "고르바초프의 망설임이 있었지만 역사에 대한 기억의 회귀는 그가 내린 다른 모든 결정을 넘어서는 중요한 결정이었다. 과거에 관한 철저하고 가차 없는 평가 —살해와 억압과 파산을 인정하는 것— 를 빼고 참된 변혁은커녕 민주화 개혁 또한 불가능했기 때문이다. 역사를 개인 생활과 지적 생활, 정치 생활에서 되찾은 것은 (중략) 고르바초프가 바랐건 바라지 않았건 지구 최후 제국의 붕괴를 알리는 서곡이었다."[43]

물론 고르바초프는 페레스트로이카를 통해 소련을 재건하려고 했던 것이지, 붕괴시킬 의도는 추호도 없었다. 그러나 기억과 역사에 대한 당의 지배력이 약해지자, 개혁은 통제 불능의 흐름을 타게 됐고, 체제 자체를 파괴하는 운동으로 바뀌었다. 기억과 역사는 그야말로 '판도라의 상자'였다. 사람들이 자신이 속한 집단이나 국가의 역사에 관해 '어렴풋이 알고 있으나 공공연히 인정할 수 없었던 것'을 그대로 인정할 수밖에 없게 됐을 때 사회의 모든 기구는 거대한 범죄 조직에 지나지 않았던 것으로 드러났다. 이것이 '소련' 체제가 거의 모든 구성원에게 외면당하고 최종적으로 무너지게 된 중요한 복선이다.

이 과정에서 우리는 다음과 같은 사실을 알 수 있다. 즉, 일상의 불만이 커진다고 해서 불만 자체가 체제의 근본부터 부정하는 흐름을 반드시 만들어내는 것은 아니란 점이다. 실제로 소련보다 더 심한 압제 정치를 펼치면서도 존속하는 체제는 세상에 얼마든지 있다. 인간이 견딜 수 있는 압정의 객관적인 정도는 밝혀진 바 없다. 그러나 한편, 일상생활에서 사람들이

---

43) 데이비드 렘닉,《레닌의 무덤: 소련제국 최후의 나날(レーニンの墓—ソ連帝国最期の日々)》, 미우라 모토히로(三浦元博) 역, 白水社, 2011, 상권, 20-21쪽

직면하는 억압과 모욕이 그 사회가 역사적으로 더듬어온 궤적에서 생겨난 필연적인 산물로 파악될 때 그 사회 체제는 존재 자체가 인내할 가치 없는 전반적인 범죄 조직으로 드러난다는 것은 명백한 사실이다. 실제로 지배 체제가 역사와 기억을 지배하는 실효성의 정도와 현실을 지배하는 실효성의 정도는 정비례한다.

물론 언론을 극단적으로 통제했던 소련의 상황과 전후 일본의 상황은 다르다. 그러나 이런 차이가 두 체제의 공통점이 전혀 없음을 의미하지는 않는다. 정치사와 관련된 공문서의 공개가 미흡하고 외국의 정보 공개로 이미 밝혀진 '불편한 진실'을 태연하게 무시하는 일본 관료 기구의 행태를 우리는 지겹도록 보고 있다.[44] 소련과 일본을 비교할 때, 차이보다 공통점에 중점을 맞추면 아직도 많은 부분을 찾을 수 있다.

다만 두 체제가 '역사 지배'에서 보여주는 근본적인 차이는 있다. 바로 검열 방법이다. 소비에트 식 사회주의 체제에서는 거대한 관료 기구를 통해 중앙집권적으로 '위에서부터' 검열이 이뤄졌다. 그러나 자유주의 체제에서는 생산·유통되는 정보가 주요한 것과 그렇지 않은 것으로 '자연스럽게' 분류됨으로써 지배적인 담론이 형성된다. 이 과정에서 주요하지 않은 정보는 사실상 존재하지 않는 것처럼 다뤄져 결과적으로 검열과 같은 사회적 효과를 거둔다. 언뜻 보면 '자연스러운' 분류를 구체적으로 담당하는 쪽은 엘리트 기구와 프로파간다 기관들이지만 기능은 소비에트 체제보다

---

44) 그 전형적 사례가 오키나와 핵 밀약이다. 밀약 체결에서 사토 에이사쿠(佐藤栄作)를 밀사로 이끌었던 와카이즈미 게이(若泉敬)가 《다른 대책이 없었음을 믿기 바란다(他策ナカリシヲ信ゼムト欲ス)》를 출판한 것이 1994년이며, 2007년에는 미국 공문서 조사가 와카이즈미의 증언을 뒷받침했다. 나아가 2009년에는 사토 에이사쿠의 집에서 밀약 합의 의사록이 '발견'됐다. 결국, 2010년에야 외무성이 조사위원회의 보고를 받아 밀약의 존재를 인정했다.

훨씬 유연하게 작동하므로 자유주의 체제에서 지배적 권력은 정교하고 강력하다.

나는 역사학자가 아니므로 이 책을 통해 새로운 역사적 사실을 제시할수는 없다. 그 대신 우리가 역사를 인식할 때 적용되는 개념적 프레임, 즉'전후' 개념의 고찰과 내용의 변경을 제시할 것이다. 동일본 대지진 재해이후 우리가 '전후의 종말'을 맞이하고 있다는 사실은 의심할 여지가 없다. 그렇지만 천재지변으로 한 시대가 저절로 끝나지는 않는다. 우리의 인식과 감각을 오랫동안 구속해온 '전후'의 감옥을 부수려면 스스로 깨달으려는 지적 노력이 필요하다. 그래야 비로소 우리는 이 나라의 현실에서 무엇을 부정하고, 또 무엇을 거부해야 하는지 명확한 비전을 얻을 수 있다.

그리고 이런 '역사의 감옥'에 대한 불만과 역사 인식의 프레임을 바꾸라는 요구는 이미 유례없이 확산되고 있다. 이를테면 마고사키 우케루[45]의저서 《전후사의 정체》[46]가 20만 부를 돌파하며 베스트셀러에 오른 현상이그 방증이다. 이 책은 전후의 주요 보수 정치인을 대미 자립파와 대미 종속파로 구분했는데, 미국과의 관계에서 강한 압력을 받은 전자는 모조리 사라지고 비굴한 후자가 미국의 도움으로 설쳐왔다고 논한다. 이런 역사관에 대해 지나치게 음모론적인 사관이라고 비판하거나 대중 운동(1960년의안보 투쟁)에 대한 필자의 뿌리 깊은 불신을 지적하는 사람도 있다. 이런 비판의 타당성을 여기서 논하자는 것은 아니다. 하지만 내가 이런 사실이 중요하다고 생각하는 이유는 이 베스트셀러 현상이 우리 역사와 현실 감각

---

45) 孫崎享(1943~): 일본의 외교관·평론가. 옮긴이.
46) 《戰後史の正体 1945-2012》, 創元社, 2012. 옮긴이.

을 강력하게 규정하는 시대 구분으로써 '전후'를 바라보는 관점을 근본적으로 바꾸고 싶다거나 바꿔야 한다는 기운이 고조되는 상황을 잘 말해준다는 데 있다. 달리 말해 현 체제가 장악해온 역사 지배력이 계속 약해지고 있음을 의미한다. 역사 지배를 잃어버린 권력은 머지않아 현실 지배력까지 잃을 것이다.

제3절

—

영속패전

정작 지금까지 '전후' 역사 프레임을 비판하거나 적극적으로 부정한 쪽은 주로 우파 세력이었다. 예를 들면 1982년 정권을 잡은 나카소네 야스히로(中曾根康弘)는 '전후 정치의 총결산'을 표방했고, 2006년에 구성된 제1차 아베 신조(安倍晋三) 내각은 '전후 체제의 탈각(脫却)'을 내세웠다. 이밖에도 대개 신좌익을 제외한 대부분 보수 세력이 '전후 민주주의'를 비판하고 불만을 제기해왔다. 언뜻 보면 참 기묘한 일이다. 전후 일본은 거의 일관되게 보수 세력이 지배적인 입장을 유지했음에도 '전후 종식' 시도는 성공하지 못했기 때문이다. 실패가 아니라면 나카소네 정권부터 24년 후 아베 정권까지 '전후 체제의 탈각'을 내걸 필요성은 없었을 것이다.

물론 전후 일본을 상징하는 헌법 제9조를 바꾸는 해석개헌[47]이나 사

---

47) 해석개헌(解釈改憲)은 집단적 자위권에 대한 해석을 달리 해서 헌법을 개정하자는 주장으로 논란이 되고 있는 '집단적 자위권'은 국제연합 헌장 제51조에 의거하여 개별적 자위권과 함께 인정된 권리로서 외국으로부터 직접 공격을 받지 않은 국가라도 동맹국이 침공을 받으면 공동으로 방위를 위한 실력행사를 할 수 있는 권리를 말한다. 《아사히신문》은 2014년 3월 3일 자 사설에서 "집단적 자위권에 대한 헌법 해석은 국회에서 오랜 논의를 통해 정착한 정부와 국민 간 합의이므로 이를 총리의 판단만

실상 자위대 이라크 파병 등과 같은 형태로 역대 보수 정권은 '전후 체제'의 실질적인 변화를 추진해왔다. 그런데도 그들은 '전후'라는 역사 구분이 지금까지 계속되는 것을 허용했다. 다시 언급하겠지만, 오히려 이 역사 구분을 지속함으로써 일본의 보수 세력은 '전후의 총결산' 운운하는 추상적인 말로 장난할 수 있었고 이런 연유로 보수 세력의 권력 독점은 전후를 종식하기는커녕 '전후'의 끝없는 지속을 필연적으로 불러왔다. 바꿔 말해 '전후 종식'은 실현되지 않음으로써만 가능하다는 역설이 바로 여기에 있다.

'패전'의 은폐

이런 식으로 유지된 '전후'란 단적으로 말해 무엇인가? '전후'의 시작을 어떤 말로 인지하는지 생각해보면 금세 알 수 있다. '전후'의 시작인 8월 15일은 어떤 날인가? 일반적으로 이날은 '종전 기념일'로 불린다. 그러나 당연하게도 전쟁이 저절로 '끝났'을 리 없다. 전쟁은 대일본제국이 포츠담 선언을 수락함으로써 일본의 패배로 끝났다. 그런데도 이날은 전쟁이 '끝난' 날로 인식되고 있다. 바로 여기에 모든 것이 들어 있다. 순연(純然)한 '패전'을 '종전'으로 바꿔 부르는 기만이 전후 일본 체제의 근본을 이룬다고 해도 과언이 아니다.

기만에 바탕을 둔 허구가 명백한 균열 과정에 돌입한 계기는 2009년의

으로 수정한다면 민주국가의 토대인 입헌주의는 붕괴될 것"이라며 비판했다. 집단적 자위권 행사를 용인하는 것은 일본이 주장해온 헌법 제9조상의 평화주의의 근간을 변경하게 되는 것이므로 헌법 제96조에서 정한 개헌 절차에 따라야 한다는 것이다. 옮긴이.

정권 교체였다. 애초 하토야마 민주당 정권은 유권자의 압도적 지지로 수립됐지만, 후텐마 기지 이전 문제로 일어난 사태를 해결하지 못하고 고작 9개월 만에 퇴진 위기에 몰렸다. 이 사건을 "하토야마 내각은 미국의 압력으로 무너졌다."라고 표현하더라도 이를 음모론으로 간주할 필요는 없을 것이다. 큰 틀에서 볼 때 하토야마 총리는 미군기지의 현외 이전으로 '오키나와의 의사'를 존중하려 했지만, 불가능성 앞에서 좌절했기 때문이다.

오히려 퇴진 과정에서 총리의 정치 수법만을 놓고 잘잘못을 따지는 수준의 문제가 화제를 독점했다는 사실을 상기해야 한다. 물론 애초에는 '최소한 현외'로 이전을 선언했지만, 결국 "오키나와 미군기지의 종합적인 억지력을 확신하기에 이르렀다."라며 모호한 말로 오락가락한 하토야마의 태도는 비난받을 만하다. 그러나 정치인 개인의 수완이 얼마나 졸렬한지로 논의를 수렴하는 것은 문제를 현저하게 축소하는 행태일 뿐이다. 퇴진 무대에서 드러난 것은 대부분 국민의 지지를 받는 총리라도 '국민이 바라는 것'과 '미국이 바라는 것' 사이에서 양자택일한다면 후자를 선택할 수밖에 없는 객관적 구조다. '총리의 정치 수법' 운운은 객관적 구조를 보지 못하게 하는 데 적합한 수단으로 작용했다. 여기서 '패전'을 '종전'으로 바꿔 부를 때와 같은 욕망이 작동하고 있음을 간파하기란 어렵지 않다.

일반적으로 볼 때 하토야마 내각 퇴진에서 간 나오토(菅直人)와 노다 요시히코(野田佳彦) 총리로 이어지는 흐름은 앞서 말한 '객관적 구조'를 확실하게 드러냈다. 나아가 일본 '전후 민주주의'의 근본적 존립 구조를 적나라하게 보여줬는데, 여기서 2009년 정권 교체의 의미를 찾게 될지도 모르겠다. 일본은 의회제 민주주의 국가여서 정권 교체는 이론적으로 언제든지 가능하다. 그러나 정권 교체는 실질적인 정권 교체가 아닌 범위에서만 허용된다는 사실이 분명해졌다.

이것은 놀랄 만한 일일까? 결코 그렇지 않다. 이런 정치 현실은 전후 동아시아 친미 국가(한국, 대만 등)의 정치사와 비교할 때 조금도 이상하지 않다. 한국과 대만에서는 권위주의와 폭력에 의지한 반공 정권의 장기 집권이 ―한국에서 의회제 민주주의가 뿌리내린 시기는 1980년대 말이며, 대만의 일당 독재 체제가 무너진 시기는 1996년이다― 가능했다. 냉전구조의 최전선에 위치한 까닭에 정치권력이나 체제에 민주주의라는 외피를 두를 여유가 전혀 없었기 때문이다. 결국, 다음과 같은 진실이 분명해졌다. 전후 일본에서 민주주의의 외피를 두른 정치 체제가 여하간 성립(특히 55년 체제에서는 친공산주의 세력이 국회에서 부동의 2위를 점유했다)된 이유는 일본이 냉전의 최전선이 아닌 데 있다. 어느 정도 '민주주의 흉내'를 낼 만큼 지정학적 여유가 있었다. 그러나 이런 구도와 달리 오키나와는 전략적 중요성 측면에서 냉전의 최전선으로 자리매김하게 됐고, 반환 이전은 물론 반환 이후에도 폭력적 지배가 일상적이었다. 일본 본토에서 보면 오키나와는 특수하고 예외적으로 비치지만, 동아시아 친미국가 관점으로는 일본 본토야말로 특수하고 오키나와 경우는 일반성을 실현했을 뿐이다.

이런 도식으로도 실감하지 못하겠다면, 한국 전쟁을 상상해보자. 가령 북한이 승리했다면 전후 일본에는 어떤 국가 체제가 필연이었을까? 일본 본토가 누려온 '지정학적 여유'는 모조리 사라지고 본토는 냉전의 최전선에 놓였을 것이다. 요시다 시게루(吉田茂)가 주도했던 경무장(輕武裝) 노선도 유지하기 어려웠을 것이다. 또한, 아직 가난하고 태평양전쟁의 기억이 선명하게 남아 있을 터라 군국주의 부활이나 의회제 민주주의를 파괴하는 행위는 대규모 저항을 불러일으켰을 것이다. 그러나 냉전구조에서, 특히

데탕트(긴장완화) 정책이 힘을 얻기 이전이라면, 일본의 정치 체제가 민주주의 외피를 두르는 것과 용공 혹은 친공산당 세력이 합법적으로 정권을 획득할 가능성을 배제하는 것 중 어느 쪽이 미국의 정책에 우위를 점했을지는 자명해 보인다. 모든 저항을 짓밟고 군사독재 정권이 들어섰다고 해도 전혀 이상하지 않다.

동아시아 정치사학자 브루스 커밍스(Bruce cumings)는 "한반도 전체가 공산화했다고 가정했을 때 일본의 전후 민주주의가 계속해서 살아남을 수 있었을지 의심스럽다."[48]라고 했다. 우리가 외면하고 넘겨버리려 했던(그리고 오키나와에 떠넘겨온) 사안이다. 우리가 보려고 하든 아니든 일반적인 권력 구조는 현실에 존재한다. 따라서 일본의 정치가 '민주주의 흉내' 영역을 넘어설 듯한 움직임을 보일 때 권력이 어떤 배치를 이루는지 새삼 알게 된다. 커밍스는 앞서 한 말에 이어 한국 전쟁 이후 동아시아 상황을 다음과 같이 서술했다.

한국 전쟁이 끝난 후 한국과 대만은 각각 약 60만 명 병력의 군사 조직을 떠안게 됐다. 군인 대 민간인의 비율이 세계 최고 수준일 정도로 터무니없이 팽창한 것이다. 국가 체제는 양쪽 모두 거대한 치안·첩보 기관을 거느린 독재국가였다. 군사 및 치안 조직은 주도권을 장악하고 '광대한 영역(grand area)' 방위를 위한 외변부 방위대로서 기능을 담당하고 동시에 강력한 치안 유지 능력을 발휘해서 노동 운동이나 좌익 세

---

48) 브루스 커밍스, 《세계 시스템 속 일본의 위치(世界システムにおける日本の位置)》, 앤드류 고든(Andrew Gordon) 편집, 나카무라 마사노리(中村政則) 번역 감수, 《역사로서의 전후일본 (상)(歴史としての戦後日本 (上))》, みすず書房, 2001, 124쪽.

력을 진압했다. 이런 의미에서 대만과 한국의 고압적 탄압 장치는 미국의 비호 아래 폭력 장치가 없는 불완전한 일본을 동북아시아 지역 틀에서 완전한 국가로 만드는 기능을 맡고 있었다. 즉 일본의 국가 구조는 예전의 강력한 군사 및 치안 장치를 박탈당한 것처럼 보이지만, 실은 이런 장치가 마침 필요했던 국외 이웃 지역에서 미국의 비용 부담으로 재생되며 유지돼왔다.[49]

정권 교체에서 현재에 이르는 과정을 경험한 마당에 커밍스가 묘사한 대국적(大局的) 그림의 정당성을 부정할 도리는 없다. 전후 특정 시기까지 대만이나 한국의 정치 체제에서 볼 수 있었던 억압성은 이른바 일본의 '민주주의 흉내'가 성립하기 위한 조건이었다. 여기에 패전에 따른 처벌을 이중 삼중으로 피해온 전후 일본의 모습이 떠올려진다. 실행하지 않은 본토 결전(本土決戰), 제1차 세계대전의 독일 전후 처리 실패에 따른 반성과 관대한 배상, 일부 군부 지도자에 한정된 전쟁 책임 추궁, 비교적 신속한 경제 재건과 경이로운 성장, 과거 식민지국들에 폭력의 정치 체제 역할을 떠넘기고 얻은 민주주의, 오키나와 요새화, 그리고 '국체[50] 호지(護持)'···. 냉전구조의 큰 틀에서 이 모든 요소가 '일본은 제2차 세계대전의 패전국'이라는 단순한 사실을 은폐해왔다.

이런 지적은 일본이 패전국이므로 일본인은 이차대전으로 아시아태평양 지역에 남긴 참화에 책임이 있음을 자각하고 반성하라는 주장과 차

---

49) 같은 책, 123~124쪽.

50) 國體: 원래 국가 체제의 성격이나 원칙, 혹은 그런 관점을 가리킬 때 쓰는 말이나 근대 일본에서는 천황을 중심으로 한 국가 체계를 말한다. 옮긴이.

이가 있다. 현실적·형이상학적 책임을 다루는 논의와 별도로 정치 차원의 명제, 즉 '일본은 패전국'이라는 사실이 있다. 단순한 사실인 까닭에 경제적 성공에 따른 국민의 만족감 고양이나 진지한 회한과 반성에 바탕을 둔 부전(不戰)의 맹세 같은 주관적 차원으로는 아무것도 바꿀 수 없다. 바꿀 방법이 있다면 다시 전쟁을 일으켜 승리하는 것뿐이다. 다시 말해 패전은 정치사적 사실이고, 윤리나 규범 같은 주체성 문제와는 차원을 달리한다. 패전의 사실을 토대로 하지 않는 한 전쟁과 식민 지배 책임을 둘러싼 고차원적인 논의는 공전을 거듭할 수밖에 없는 운명에 놓일 것이다.

《패전후론(敗戰後論)》 논쟁의 의미

가토 노리히로(加藤典洋)는 전후 50년이 되는 지난 1995년 《패전후론》을 발표하며 '전후'를 '패전 후'로 인식하는 논의를 펼쳤다. 특히 이상주의를 전면에 내세운 평화헌법으로 이뤄진 전후 체제는 전승국의 권력 정치(Power Politics)를 배경으로 강제로 부여됐다는 맥락에서, 전후 일본이 안고 있는 '뒤틀림'의 근원을 말했다. 가토가 보기에 전전의 가치관에 대한 비판을 바탕으로 하지 않는 개헌파는 논외로 치더라도, 이른바 호헌파도 이 '뒤틀림'을 제대로 보지 못했기에 '현실을 직시한 것은 아니었다.'[51] '뒤틀림'을 바로잡기 위해 가토는 애초에 강요된 헌법을 국민투표를 통해 우리

---

51) 가토 노리히로, 《패전후론》, ちくま文庫, 2005, 26쪽.

것으로 '재선택'[52] 하자고 제안했다.

호헌파 대다수가 절대로 전쟁을 하지 않겠다는 숭고한 이념이 냉전과 천황제 호지의 맥락에서 발생한 문제를 —의도와 관계없이— 직시하지 않는 경향을 다시금 비판하며 문제시했다는 점에서 가토의 문제 제기는 의의가 있다. 그러나 '뒤틀림'을 극복할 주체로 '일본인'을 내세우는 가토의 논의는 특히 논쟁의 표적이 됐다. '일본인 사망자 삼백만 명을 먼저 애도하고, 아시아 이천만 사망자의 애도와 사죄에 이르는 길'을 모색하자는 것이 논쟁의 중심이었다. 일본은 침략 행위로 희생된 '타자'보다 '동족'을 먼저 조문하자는 주장으로 읽히는 가토의 논리를 다카하시 데쓰야[53]를 비롯한 사람들은 결국 베네딕트 앤더슨(B. Anderson)이 말한 '상상의 공동체'[54] 논리로 회귀하자는 것이나 다름없다며 비판했다.

흥미로운 것은 당시 논쟁의 귀추보다도 가토가 제기한 평화헌법과 권력 정치의 문제가 상대적으로 가볍게 다뤄졌다는 점이다. 평론지《비평공간(批評空間)》에서 기획한 좌담회에서 평화헌법의 기원에 미국이 강요한 역사가 은폐돼왔다는 논의가 있었는데, 아사다 아키라[55]의 발언이 좋은 예다. "전혀 은폐되지 않았다. 그런 말은 귀에 못이 박이도록 들어왔고. 대체로 가토 씨의 논의는 에토 준[56]이《1946년 헌법—그 구속(一九四六年憲法-

---

52) 같은 책, 26~27쪽.

53) 高橋哲哉(1956~): 일본의 철학자. 옮긴이.

54) 앤더슨은 자신의 저서《상상의 공동체(想像の共同体)》에서 자본주의의 성립, 출판 산업의 발전과 국민의식의 발아를 연관 지어 국민국가란 사회적으로 구축된 공동체이며 귀속의식이 있는 국민의 상상으로 만들어지는 것(상상의 공동체)이라고 주장했다.

55) 浅田彰(1957~): 일본의 비평가·사상가. 옮긴이.

56) 江藤淳(1932~1999): 전후 일본의 독보적 문예평론가. 메이지 시대 국가를 이상으로 하는 정통적인 보수 논객으로 종종 전후 보수와 신 보수주의파와 대립했다. 옮긴이.

その拘束)》(文春文庫)에서 집요하게 매달렸던 내용을 에둘러 단순하게 바꿔 말한 것"[57]이라고 단정했다.

그러나 이처럼 '낡은 이야기'로 치부하는 것은 정당하지 않다. 앞서 서술했듯이 평화헌법을 비롯한 보편적이고 이상적인 원칙, 다시 말해 '자유롭고 민주적인' 전후 체제의 총체는 국제적인 정치 역학에 의해 강제됐다. 따라서 에토가 누구보다 앞서 지적했던 대로 여차하면 언제든지 외부 압력으로 무효가 되는 구조가 여전히 국가권력 구조와 사회의식 양상을 현실적으로 규정하고 있을뿐더러 문제가 더욱 심각하게 드러나고 있기 때문이다. 문제가 해결되지 않는 한 문제 제기의 근본 또한 낡은 것일 수 없다.

덧붙인다면, 점령기를 둘러싼 논의에서 에토가 비판의 출발점으로 삼은 것은 전후 문학이 구가한 '자유'가 GHQ(연합군 총사령부)의 거대한 검열 체제로 지탱됐음을 당시 지식인들은 자각하지 못했다는 사실이다. 이런 에토의 선구성과 예리한 문제의식은 물론 정당하게 평가받아야 한다. 그러나 다른 한편으로 대일본제국의 포츠담 선언 수락이 '무조건 항복'이었느냐, 아니면 '조건부 항복'이었느냐에 매달린 에토의 논점은 마치 스콜라 철학처럼 무의미하다. 항복의 성격에 관한 그의 논의는 총력전과 그 이전 주권국가 간 전쟁의 차이에 대한 몰이해에서 비롯한다. 그동안 축적된 대일점령사(對日占領史) 연구로 밝혀진바, 일본 점령 방침은 일본 지배층이 항복의 성격을 어떻게 인식했느냐와 상관없이 일본 상황의 현실적인 판단, 복잡한 국제관계, 그리고 미국 내부의 권력 투쟁을 매개로 결정된다. 요컨대, '항복의 성격'에 일본 측 해석이 들어갈 여지 따위는 없었다.

---

57) 공동 토론 〈책임과 주체에 관하여(責任と主体をめぐって)〉, 《비평공간(批評空間)》第II期 第一三号, 太田出版, 1997년 4월, 35쪽.

제2차 세계대전 이후 독일과 일본 점령은 그들이 유지했던 체제의 주체성을 근본부터 부정하며 진행됐고, 그런 의미에서 항복은 '무조건'적일 수밖에 없었다. 여기서 말하는 '주체성의 부정'은 점령군이 일본 국민을 위한 입장에서 진지하게 대일본제국의 '봉건 유제(遺制)'를 밑바닥부터 근절하고자 했느냐는 문제와 무관하다. '봉건 유제'는 점령과 전후 사회를 통치하는 데 효력이 있는 한 이용됐고, 방해가 되면 공격받았다. 일본과 독일에 제2차 세계대전은 총력전이었으므로 점령 정책은 패전국의 국가적·사회적 주체성을 전면 부정하는 방식으로 펼쳐졌다. '주체성의 부정'은 달리 말하면 주권의 부정이다.

이 같은 점령군의 입장 설정은 칼 슈미트[58]가 말한 '정전(正戰)' 즉, 대등한 국가 간 단순한 무력 충돌(총력전 이전 양쪽이 동등한 성격의 전쟁)이 아니라 도덕적으로 죄악시된 적과 벌이는 정당한 싸움(총력전)을 치르는 자의 입장을 전형적으로 보여준다. 이로 미뤄봤을 때 일본은 '포츠담 선언에 명시된 모든 조건을 받아들여 어떻게든 주권을 유지한 상태로 항복했다'[59]고 주장한 에토의 논의는 설령 법리적 정당성을 갖췄다고 해도 결국 '정전'에서 패배를 부인하는 주장밖에 되지 않는다.[60] 다시 논하겠지만, 제2차 세계대전 후에 '주권'을 유지할 수 있었던 나라는 미국과 소련뿐이었고, '주권의 유지'라는 관념 자체는 망상에 불과하다.

---

58) Carl Schmitt(1888~1850): 독일의 법학자·정치학자. 옮긴이.

59) 에토 준, 《잊어버린 것 잊힌 것(忘れたことと忘れさせられたこと)》, 文藝春秋, 1979, 221쪽.

60) 이 논점에 관해 가사이 기요시는 전간기(戰間期)의 '전쟁 비합법화'로부터 도쿄재판 및 전후 헌법 제정에 이르는 역사 과정을 분석한 내용을 바탕으로 에토를 날카롭게 비판하고 있다. 가사이 기요시, 《8·15와 3·11》, 119~130쪽 참조할 것.

영속패전

가토 노리히로의 논의로 다시 돌아가자. 여기서 문제 삼아야 할 것은 오히려 가토의 '패전후론' 인식 프레임이다. 앞서 언급했듯이 '패전'은 결코 지나간 일이 아니라는 사실이 드러나고 있다. 다시 말해 '패전 후' 따위는 실제로 존재하지 않는다. 패전 후 정치적·경제적·군사적 의미에서 직접적인 대미 종속 구조가 영속화한 한편, 패전 인식을 교묘하게 은폐(부인)하는 대부분 일본인의 역사 인식 구조가 변하지 않았다는[61] 의미에서 패전은 이중 구조를 이루며 계속되고 있다. 물론 두 측면은 서로 보완하고 있다. 패전을 부인하므로 미국에 끝없이 종속되며, 대미 종속이 깊이 이어지는 한 패전의 부인이 가능하다. 이것이 바로 내가 말하는 '영속패전'이다.

영속패전 구조는 '전후' 근본 체제가 됐다. 전전의 가치관에 공감하고 이를 표방하는 정치 세력은 걸핏하면 '전후 민주주의'에 대해 불평을 늘어놓으면서도 막상 '전후 종식'을 실천하지는 않는, 언행불일치의 태도를 보였다. 그런데도 이들이 오랜 기간 권력을 독점할 수 있었던 것은 이런 체제가 안정성 확보에 성공한 덕분이었다. 그들의 주관에는 대일본제국은 절대 지지 않는다는(전쟁이 '끝난' 것이지 전쟁에서 '진' 것이 아니다) 신주불패(神州不敗)의 신화가 살아 있다. 그러나 이런 '신념'은 결국 제2차 세계대전 후 미국의 대일 처리 정당성과 충돌할 수밖에 없었다. 이를 잘 생각해보

---

61) 나쁜 방향으로 변화한 것이 분명했다. 90년대 이후 역사수정주의가 대두하면서 불붙은 '역사 인식 문제'를 둘러싼 논쟁이 별다른 성과 없이 끝나버린 이유는 진짜 문제가 개별적인 역사적 사실에 대한 인식이 아니라 인식의 구조 자체에 있기 때문이다. '우리는 도리를 벗어난 짓 따위는 하지 않았다'는 자위적 역사관을 주장하는 본질은 여러 역사적 사실에 관한 별개의 해석이 아니라 패전의 부인에서 비롯한다.

면 포츠담 선언 수락을 부인하고, 도쿄재판을 부정하며, 샌프란시스코 강화조약마저 인정하지 않는 셈이 된다(다시 한 번 미국과 전쟁을 벌여야 한다). 그러나 말할 것도 없이 그들은 '만용'을 부리지 않는다. 행동에 일관성이 없는 것이다. 그 대신 국내와 아시아에서는 패전을 부인함으로써 자신들의 신념을 충족시킨다. 또한, 자신들의 세력을 용인하고 지탱해주는 미국에는 비굴한 신하 노릇을 한다. 비루한 자위행위로 전락한 자신의 행동에 만족을 느껴왔던 것이다. 패전을 부인하므로 패배가 무기한 계속되는 것이 '영속패전'의 개념이 가리키는 상황이다.

그러나 오늘날 전후 체제의 유지는 이미 불가능해졌다. 우선, 세계화한 환경에서 '세계의 공장'이 돼 막대한 국력을 쌓고 있는 중국은 일본인의 이런 '신념'이 간과할 수 없는 장해가 된다면 이를 용인하지 않을 것이다. 그리고 1970년대 이래 쇠퇴일로에 있는 미국은 냉전구조 붕괴 이후 일본을 무조건적인 동맹자로 간주할 이유가 없어졌다. 미국 입장에서 볼 때 일본은 도와줘야 할 동맹자라기보다 수탈의 대상이다. 하지만 이런 객관적인 정세에도 '모욕의 체제'는 아직까지 견고히 유지되고 있다.

한편, 가토의 《패전후론》은 격변하는 전후 일본 사회에서 '패전'을 결코 잊으려 하지 않았던 작가 오오카 쇼헤이(大岡昇平)를 높이 평가하고 있다. 일본인의 입장에서 제2차 세계대전을 묘사한 《포로기(俘虜記)》와 《레이테 전기(レィテ戦記)》는 전후 문학의 금자탑이라 할 수 있다. 그런데 그는 전쟁 중 포로가 됐다는 이유로 예술원 회원 추천을 사양했다. 당시 오오카의 발언을 들어보자.

나의 경력에는 전쟁 포로가 됐다는 부끄러워할 만한 오점이 있습니다.

당시 국가는 "싸워라." "포로가 되지 말라."라고 했으니까요. 그런 제가 예술원 회원이 돼서 나랏돈을 받는다거나 천황 앞에 나서는 일 같은 것을 낯부끄러워서 어떻게 하겠습니까?

《주고쿠신문(中国新聞)》1971년 11월 28일, 기사 중 담화에서)[62]

가토는 오오카의 발언을 쇼와 천황에게 '부끄러움을 알라'고 보낸 암묵적인 메시지였다고 생각한다. 나도 가토의 해석이 맞았다고 본다. '부끄러움을 안다'는 것만으로도 '목숨을 부지했다'는 부채감에서 조금이라도 벗어날 수 있다는 태도가 오오카 쇼헤이가 보여준 에티카다. 이것은 퇴위조차 하지 않았던 쇼와 천황의 존재가 어떻게 평가됐을지 상상할 수 있게 해주는 대목이다.

그러나 지금에야말로 주목해야 할 것은 오오카가 도달한 사상의 수준이나 경위, 즉 전후 일본이 달성한 번영과 풍요를 배경으로 굳이 패잔병의 입장을 고수하며 강인한 정신으로 지켜낸 에티카가 아니다. 중요한 것은 이것이 더 물질적인 문제가 됐다는 점이다. 다시 말해 지금 문제는 '부끄러움을 모르'는 정신의 타락과 부패만이 아니라 물질적인 문제가 계속해서 일으키는 더 현실적인 파국이다. 즉 우리는 안팎으로 무능하고 '부끄러운' 정부밖에 가질 수 없으므로 직접적으로 물질적인 일상생활까지 파괴되는 지경(후쿠시마 원전 사고로 이미 파괴됐다)에 이르렀다는 것이다.

---

62) 가토 노리히로, 《패전후론》, 99쪽 인용.

2장

'전후의 종말'을 고하는 것
—대외관계 문제

제1절

—

영토 문제의 본질

제1장에서는 전후 일본 체제의 근본을 '영속패전'이라고 부르고 그 구조를 대략 훑어보았다. 이번 장에서는 '평화와 번영'에서 평화가 계속해서 침해받는 현장인 일본의 대외관계를 살펴보고자 한다. 먼저 논의할 대상은 이른바 영토 문제다. 센카쿠 열도를 비롯한 영토 문제가 평화 유지에 얼마나 심각한 긴박성을 띠고 있는지, '패전을 부인'하는 일본 사회의 역사의식이 얼마나 유해한지를 이 문제보다 더 명료하게 보여주는 사례도 없다.

잘 알려진바, 일본에서는 사실상 세 지역, 즉 센카쿠 열도, 다케시마, 북방 영토가 문제시되고 있다. 각각의 문제에는 역사적 경위나 일본의 실효 지배 유무 등 저마다 서로 다른 사유가 있지만, 일본 정부가 내세우는 '일본 고유 영토'라는 논리는 세 경우에 모두 적용된다. 게다가 영토 문제로 격앙된 일본의 내셔널리즘은 어떤 경우에든 중대한 정치적 사실과 역사를 간과하고 있으므로 세 가지 문제는 결국 같은 양상을 띠고 있다.

일본만의 현상은 아니지만, 영토 문제가 발생할 때 사람들은 평소에 거들떠보지도 않던 고지도나 고문서 등을 들춰내며 자국의 주장에 부합하는 증거를 찾으려고 혈안이 된다. 그러나 이 같은 '낡은 종이쪼가리를 향한 열광'은 본질을 벗어난 것으로, 문제를 해결하는 데는 별로 의미가 없다. 영토 문제는 고문서를 뒤져야 할 만큼 오래된 문제가 아니기 때문이다.

결국, 국가의 영토를 결정하는 최종 심판 단계는 폭력이다. 즉 역사상 최근에 일어난 폭력(전쟁)의 결과가 영토 지배의 경계선을 규정하는 것이 원칙이었다. 일본에서 '최근의 폭력'은 바로 제2차 세계대전이다. 일본인은 대부분 세 가지 영토 문제가 모두 제2차 세계대전의 전후 처리와 관계있다는 사실을 간과하고 있다. 즉 일본의 영토 문제는 전쟁 패배의 결과물로 타국의 역사적 관점에서 보자면 당연한 상황이다. 따라서 일본과 타국 간 영토 문제 처리 방식은 포츠담 선언 수락에서 샌프란시스코 강화조약에 이르는 일련의 일본 전후 처리 기본 방침으로 규정될 수밖에 없었음을 의미한다. 이 점을 일본 국민이 이해하지 못하는 한, 영토 문제를 평화롭게 해결하기는 불가능하며, 사소한 문제가 전쟁의 잠재적 위협으로 지속하게 된다.

그러나 결론부터 말하자면, 이 나라의 지배 권력은 패전 사실을 떳떳이 인정할 수 없으므로(정통성의 위기와 연결되므로) 영토 문제의 합리적 해결 능력은 밑바닥부터 결여돼 있다. 상황이 이럴진대, 바깥세상에서는 전혀 인정되지 않을 "센카쿠, 다케시마, 북방 영토는 무조건 우리 땅이다."라는 주장을 고집하거나 "자기네 땅이라고 우기는 외국을 쳐부수자." 따위의 얼토당토않은 '당돌한' 주장을 남발하고 있다. '애국주의'를 표방하며 아무 거리낌도 없이 말이다. 무참하기 짝이 없는 상황이다.

일본의 영토 문제가 복잡한 이유는 샌프란시스코 강화조약에 중국과 한국 그리고 소련이 참가하지 않았다는 데 있다. 중화인민공화국은 초청

받지 못했고, 소련은 중국이 초청받지 못했다는 사실에 불복하며 조약에 조인하기를 거부했다. 한국은 전쟁 당시 일본의 일부여서 참가 자격을 부여받지 못했다. 이런 까닭에 일본은 이들 국가와 개별적으로 전후 처리(패전 처리)를 해야 했다.

일본 외무성의 주장에 따르면, 현 정부는 영토 문제와 관련해서 전후 일본이 국가 주권을 회복하고 조인한 샌프란시스코 강화조약의 원칙을 충실히 따른다는 입장을 유지하고 있다. 따라서 문제가 되는 지역은 '일본 고유 영토'라는 사실에 의문의 여지가 손톱만큼도 없다는 것이다. 과연 이런 입장에 충분한 타당성이 있을까? 이제부터 역사적 과정을 차례대로 살펴보고 정부의 주장이나 국내 여론의 정당성을 따져보자.

덧붙여, 영토 문제를 비롯한 국가 간 문제를 고려할 때 수고스럽지만 체결된 조약이나 공동성명 등 조문을 직접 읽어보는 것이 중요하다는 점을 강조하고 싶다. 실제로 문서의 어떤 내용에 서명이 돼 있고, 국가의 의사가 표명됐는지도 모르면서 국가가 현재 주장하는 바의 옳고 그름을 판단하기란 결코 쉽지 않다. 특히, 잡지나 신문의 기사는 조문을 제시하지 않은 채 필자의 견해를 피력한 경우가 많아서 조문 해석의 적합성을 보증하기 어렵다. 반드시 원래의 조문과 대조해봐야 한다.[63] 이 책에서는 되도록 풍부하게 조문을 인용할 텐데, 독자도 필요할 때는 직접 조문과 대조해보라고 강력히 권한다(인터넷에서 정확한 조문을 찾을 수 있다).

---

63) 이 책에서는 그렇게 하지 못했지만 원본 외교문서를 검토할 때 조문을 일본어판만이 아니라 다른 나라 판본(일본어판이 조약의 기준이 아닐 수도 있다)도 검토해야 한다. 같은 조약이라도 조문의 뉘앙스가 조약 당사국에 따라 서로 다른 사례가 여러 차례 발견됐기 때문이다. 여기서는 최소한의 검토를 거쳐 외무성이 일본 국민을 상대로 제공한 일본어판 조문을 살펴보기로 한다.

센카쿠 열도 문제

먼저 센카쿠 열도 문제부터 살펴보자. 이 문제가 2012년 일본과 중국 간 매우 심각한 마찰을 빚어 '1972년 국교정상화 이래 최악의 일중 관계'라고 일컬어지게 된 경위를 확인해보고자 한다.

2010년 9월 7일, 센카쿠 열도 부근 해역에서 발생한 중국 어선 충돌 사건이 오늘날 사태의 직접적인 도화선이 됐다. 일본 해상보안청 순시선은 센카쿠 열도 근해에서 불법 조업을 하던 중국 어선을 발견하고 퇴거 명령을 내렸으나 중국 어선은 오히려 순시선을 향해 돌진했다. 순시선이 어선을 나포하고, 선장 이하 승무원을 체포하자, 이 소식을 들은 중국 정부는 '센카쿠는 중국령'이라고 주장하면서 부당한 체포라고 비난의 목소리를 높였다. 그러다가 9월 19일 일본 측이 선장의 두 번째 구류 연장을 결정하고, 공식적인 사법 절차를 적용하려는 의지를 분명히 밝히자, 문제가 심각해졌다. 중국 정부는 일본과의 민관 교류사업을 잇달아 중단시키고, 일본 후지타(藤田)건설의 중국 주재 일본인 직원 네 명을 군사관리구역 무단 촬영 혐의로 구속했으며, 나아가 희토류(稀土類)의 대일 수출을 금지했다. 한편, 당시 총리 원자바오(溫家寶)는 "우리는 필요한 강제 조치를 취할 것"이라며 대응의 강도를 한층 더 높이리라는 것을 암시했다. 사태가 양국의 '치킨 게임' 양상으로 발전하자 일본 측은 9월 24일 '나하[64] 지방 검찰청의 독자적인 판단'이라며 중국인 선장을 처분 보류 석방하겠다고 발표했고, 선장은 다음날 본국으로 송환됐다. 이렇게 사건은 일단락됐지만 그 후 해

---

64) 那覇: 일본 오키나와 현의 현청소재지. 옮긴이.

상보안청 순시선 승조원이 일본 정부가 공개하기를 꺼렸던 어선 충돌 동영상을 인터넷에 공개해 징계를 받기도 했다.

　당시 여론은 간 나오토 총리를 수반으로 하는 일본 정부가 호랑이 꼬리를 밟은 줄도 모르고 긴장이 고조된 국면을 향해 돌진했던 것이 아닌지 의심했는데, 돌이켜보면 간담이 서늘한 상황이었다. 순시선을 들이받은 중국 어선 선장을 체포했을 때까지는 우발적인 사건에 지나지 않았다. 그러나 선장을 구속하고 나서 일본 정부가 공식적으로 사법 절차에 따라 처벌하겠다는 태도를 보이자, 갑자기 문제의 차원이 달라졌다. 영해 침범자에게 일본 국내법을 엄격히 적용하겠다는 의사 표시는 일본과 중국 사이에 사실상 암묵적으로 합의돼온 영토 문제의 '보류' 상태를 일본 측이 근본적으로 바꿔놓겠다는 메시지였기 때문이다.

　센카쿠 열도 문제에서 '보류'는 1972년 일중 국교 정상화 교섭에서 당시 다나카 가쿠에이(田中角榮) 총리와 저우언라이(周恩來) 중국 공산당 총리의 대화에서 비롯했다. 다나카 총리가 "센카쿠 열도를 어떻게 생각하십니까? 제게 이런저런 말을 해주는 사람이 있습니다."라고 하자, 저우언라이 총리는 "센카쿠 열도 문제는 이번에 말하고 싶지 않습니다. 지금 말하는 것은 좋지 않습니다."라고 대답하고 나서 "이 문제를 논의하다 보면 며칠이 걸릴지 모릅니다."라고 하면서[65] 이 문제에 관한 대화를 후일로 미뤘다. 1978년 당시 부총리 덩샤오핑(鄧小平)이 일본을 방문했을 때도 "중일 국교 정상화 과정에서도 쌍방은 이 문제를 언급하지 않기로 약속했습니다. 이번 평화우호조약 체결 시에도 마찬가지로 언급하지 않기로 합의

---

65) 도요시타 나라히코(豊下楢彦), 《'센카쿠 문제'란 무엇인가(「尖閣問題」とは何か)》, 岩波現代文庫, 2012, 48~49쪽.

를 보았습니다. (…) 이런 문제는 당분간 보류해도 좋습니다. 10년을 보류해도 상관없습니다."라면서[66] 다시금 센카쿠 열도 문제의 보류 상태를 확인했다. 요컨대, 중국 정부는 사사건건 '센카쿠 열도는 중국 영토'라는 공식 주장을 앞세우지만, 일본 측이 센카쿠 지배를 현재 수준 이상의 실효 지배[67]로 전환하지 않는 한 본격적으로 행동에 나서지 않는다는 방침을 택하고 있다. 좀 더 노골적으로 말해 센카쿠 열도를 두고 말로는 "절대 양보하지 않겠다."라고 하지만, 당장 빼앗으러 오지 않는 한 흑백을 가리지는 않겠다는 태도다.

이런 '보류'는 중국 측의 일방적인 입장 제시가 아니라 일본 측도 암묵적으로 동의하고 유지해온 사정을 말해준다. 증거가 될 만한 사례로 2004년 3월 고이즈미 정권 당시 오키나와 현 경찰이 센카쿠 열도에 상륙한 중국인 활동가 일곱 명을 출입국 관리법 위반 혐의로 체포했던 일을 들 수 있다. 당시 그들은 거의 즉석에서 기소·재판 등 정규 사법 절차 없이 강제퇴거 명령을 받았다. 이런 조치는 일본 측이 생각하는 합의 내용이 센카쿠 열도의 실효 지배를 유지하지만 명목적인 성격이 강하다는 사실을 말해준다.

'보류' 합의를 확증하는 사례는 더 있다. 사토 마사루[68]가 지적했듯이 1997년 11월 도쿄에서 서명한[일본 측에서는 당시 외무대신 오부치 게이조(小渕恵三)가 서명했다] 일중 어업협정에는 '어업에 관한 일본국과 중화인민공화국 간의 협정 제6조 (b)항의 수역에 관한 서간'이라는 문서가 첨부돼 있다. 문서의 '협정 제6조 (b)항의 수역'은 '북위 27도 이남의 동해 협정

---

66) 같은 책, 50쪽.

67) 実効支配: 그 지역에 실제로 살면서 지배함. 옮긴이.

68) 佐藤優(1960~): 일본의 외교관·작가. 옮긴이.

수역 및 동해부터 남쪽 동경 135도 30분 서쪽 수역(남해에서 중화인민공화국의 배타적 경제수역을 제외한 수역)'을 가리키며, 여기에는 센카쿠 열도 해역이 포함된다. 문제의 서간은 다음과 같다.

본 대신은 오늘 서명된 일본국과 중화인민공화국 간의 협정에 관해 언급하면서 다음과 같이 말씀드리는 영광을 누리게 됐습니다.

일본국 정부는 일중 양국이 동 협정 제6조 (b)항의 수역에서 해양생물 자원을 유지하는 것이 과도한 개발로 위협받지 않게 하려는 협력 관계에 있다는 사실을 전제로 **중국 국민에 대해 당해 수역에서 어업에 관한 자국의 관계 법령을 적용하지 않겠다**는 의향을 가지고 있습니다.

본 대신은 이상을 말씀드리면서 각하께 경의를 표합니다.

1997년 11월 11일 도쿄에서

일본국 외무대신 오부치 게이조[69]

센카쿠 열도 영토 문제와 관련해서 현재 상황에서 가장 절실하면서 본질적인 쟁점은 매장 자체가 불확실하고 채산성도 불투명한 석유자원 문제가 아니라 일본과 중국 어민 간의 이해충돌이다. 이 문제의 실질적 해결을 위해 일본 정부는 센카쿠 열도의 영유권 주장을 유지한 채 센카쿠 열도 해역을 어업협정 적용 예외 지역으로 정했다. 즉 실효 지배 원칙을 끝까지 밀어붙이지 않고 실질적으로 문제의 '보류'를 문서 형태로 공식 표명했던 셈

---

69) 〈사토 마사루의 안광지배(佐藤優の眼光紙背)〉, '1997년 11월 11일 오부치(小渕) 서한 때문에 일본 정부는 센카쿠 열도 부근의 중국 어선을 단속할 수가 없었다.' http://blogos.com/article/46928/?axis=b:1 (2012년 12월 28일 열람)

이다. 이렇게 보면 '보류' 합의가 암묵적이었다고 말할 수 없다. 더구나 앞의 서간에서 규정한 바에 따르면 일본 해상보안청 순시선이 중국 어선을 뒤쫓은 것도 협정 위반이 될 수 있다. 이 협정은 자민당 정권[하시모토 류타로(橋本龍太郎) 정권]이 체결했는데도 사건 발생 당시 자민당은 민주당 정권을 향해 '저자세' 대응이라고 공격했다. 정말이지 실소를 금할 수 없다. 자민당은 민주당 정부를 공격하기 전에 자민당 선배의 저자세부터 비난해야 마땅하다.

지금까지 살펴본바, 2010년 어선 충돌 사건에서 중국 정부가 격렬한 반응을 보인 이유는 명백해졌다. 국내법에 근거해서 사건을 처리한다는 일본 측 방침으로 그동안 공고하게 유지되고 공유돼온 암묵의 합의가 깨졌다. 중국에서 보자면 일본의 방침은 문제를 확실하게 따지겠다는('보류'를 그만두겠다는) 중대한 태도 변화를 의미했다. 이런 태도 변화가 양국에 이익이 될 것인지는 애초부터 매우 의심스러웠지만, 이를 떠나 당시 일본 정부 수뇌부는 자신의 행동이 상대방에게 어떤 메시지로 전달될지 전혀 이해하지 못하는 것처럼 보여 놀랍다. 다시 말해 그들은 자신이 무슨 짓을 하고 있는지 모르고 있었다.

그 결과, 정부는 아무런 각오도 없이(단적으로 말해 확실하게 '흑백을 가리려면' 전쟁을 치를 각오를 해야 한다) 치킨 게임으로 돌입해 진퇴양난에 빠졌다. 궁리 끝에 나온 정부의 해법은 선장의 사법 처리 중지와 국외 퇴거였다. 고도의 정치적 판단을 일개 지방 검찰청에 억지로 떠넘겨 자신은 책임과 비판을 피하려는 비열하기 짝이 없는 판단이었다.

급기야 2012년 4월 이시하라 신타로 당시 도쿄 도지사는 센카쿠 열도를 매입하겠다고 선언하는데, 이는 민주당 정권의 무능과 무책임을 만천하에 드러낸 2010년 사건을 복선으로 깔고 있었다. "상대가 우리를 깔보는데, 이걸 그냥 참아?" 하는 식의 철없고 단세포적인 내셔널리즘이 부추긴 선언이었다. 아울러 이 선언은 민주당 정권의 졸렬한 언동이 불러온 정부에 대한 불신과 불만에 편승했다. 그 후의 경위는 잘 알려진 바와 같다. 도쿄도가 호소한 센카쿠 열도 매입 기금 모금 사업에 10억 엔이 넘는 돈이 순식간에 모였다. 같은 해 9월, 당시의 노다 내각은 극우 정치인 이시하라 도지사의 폭주에 제동을 걸고자 센카쿠 열도의 국유화를 실행했지만, 이런 반응은 도리어 중국을 자극하는 결과를 낳았다. 중국 각지에서 일어난 반일 폭동으로 일본계 기업은 엄청난 손해를 봤고, 중국 함선과 군용기가 매일 일본의 영해와 영공을 침범했다.

항간의 정설에 따르면 1970년대 이후 센카쿠 열도 근해에 석유 자원의 매장 가능성이 지적됐고, 또 미국의 오키나와 일본 반환 결정으로 중국으로서는 '걸림돌'이 사라진 상황이 됐다. 이에 중국은 지금까지 거들떠보지도 않던 이 섬들의 영유권을 갑자기 주장하기 시작했다.[70] 돌연한 중국 정부의 주장은 '의외'지만, 여기서 짚어봐야 할 점은 이 주장이 과연 얼마나 설득력이 있느냐는 것이다.

반대로 일본 쪽에서 보자면 현재 일본은 어떤 범위의 토지나 해역을 자신의 영토로 정당하게 주장할 수 있고, 또 그럴 때 어떤 원칙을 따라야 하느냐는 문제이기도 하다. 앞서 서술했듯이 영토 문제의 최종 결정은 폭

---

70) 이 '정설'의 시비를 가리려면 마고사키 우케루,《일본의 국경문제(日本の国境問題)》(ちくま新書, 2011) 70~72쪽 참조. 또한 마루야마 데쓰시(丸山哲史)는 1970년대까지 일본이 중국과 공식적인 국교를 맺은 적이 없었으며 중국으로서는 이 문제를 다루기 위한 적절한 자리를 기다렸을 것이라 지적했다. 丸山哲史,〈섬과 바다-동아시아 120년(島と海一東アジアの一二〇年)〉,《現代思想》 2012년 12월호, 96쪽, 青土社.

력, 즉 전쟁에 달렸다. 따라서 현대 일본의 영토 문제는 가장 근래에 있었던 제2차 세계대전 전후 처리 원칙을 따라야 한다.

결국, 일본은 포츠담 선언 제8조에서 규정한 원칙을 우선의 대전제로 삼아야 한다. 그 조문은 다음과 같다.

'카이로 선언'의 조항은 이행돼야 하며, 또 일본국의 주권은 혼슈(本州), 홋카이도(北海道), 규슈(九州)와 시코쿠(四國), 아울러 우리가 정하는 여러 작은 섬에 국한해야 한다.

이 조항은 일본의 영토 문제를 판단할 때 몇 번이고 돌아가야 할 생각의 원점이다. 일본은 항복 이후 이 조문을 받아들였지만, 이것이 의미하는 바를 따르자면 패전의 결과로 일본은 일청전쟁 이후 획득한 영토[주로 대만, 조선반도(한반도), 사할린, 사실상 보호국인 만주 그리고 일중전쟁과 태평양전쟁 중 점령한 지역]를 모두 잃게 된다. 물론 여기에는 미묘한 문제가 있다. 센카쿠 열도를 포함하는 오키나와—오키나와는 일청전쟁 이전 '류큐 처분(琉球処分)'으로 근대 일본국가에 편입됐다—가 처한 상황이다. 이 문제는 나중에 다루기로 하고, 지금은 '우리가 정하는 여러 작은 섬'이라는 표현을 들여다볼 필요가 있다. 여기서 말하는 '우리'란 연합국, 즉 미국·영국·중화민국·소련(후일 가담)을 가리킨다. 일본은 이 '우리'가 주요 네 섬을 제외한 일본의 영토 범위를 '결정'하는 원칙을 전쟁의 귀추에 따라 받아들였을 뿐이다.

일본이 이 원칙을 파기하려면 소급해서 포츠담 선언 수락을 부정하는 조처가 논리적이다. 다시 말해 모든 연합국을 상대로 다시 전쟁을 벌여야 한다는 뜻이다. 물론 전쟁 행위는 공상에 불과하므로 중국은 일본 정부 수뇌의 발언을 포함하여 '포츠담 선언 제8조'의 논점(은 일중 국교 정상화 성명에서도 확인된다)으로 압박의 고삐를 늦추지 않고 있다. 예컨대 중국사회과학원 중국변경 역사지리학 연구센터 리궈창(李國强) 부주임은 '댜오위다오(釣魚島, 센카쿠 열도의 중국명) 문제'에 관한 생각을 주일 중국대사관 홈페이지에 다음과 같이 올려놓았다.

댜오위다오 문제에서 일본이 저지른 잘못된 행위는 '카이로 선언'과 포츠담 선언 등 국제법 문서로 정한 전후의 대일(對日) 처리를 소홀히 한 것이며, 세계 반파시즘 전쟁에서 거둔 승리를 짓밟은 처사다.
제2차 세계대전에서 확실하게 승리하고 나서 중국, 미국, 영국 3개국은 카이로에서 회의를 열었다. 대일 작전에서 어떻게 협조할 것인지와 관련된 공동 군사 문제, 그리고 전후 일본을 어떻게 처리할 것인지 등 정치 문제를 다루었다. 그 후 카이로 선언을 작성하여 1943년 12월 1일 공표했다. 카이로 선언은 다음과 같이 명확하게 규정하고 있다. 즉 중국 동북, 대만, 펑후(澎湖) 제도 등 일본이 절취한 영토는 중국에 반환해야 한다. 일본은 무력과 탐욕으로 약탈한 다른 지역에서도 구축(驅逐)된다. 또한, 중국·미국·영국 3개국은 1945년 7월 '포츠담 선언'을 발표했다. 8조에서 " '카이로 선언'의 조항은 이행돼야 하며, 일본국의 주권은 혼슈, 홋카이도, 규슈, 시코쿠, 그리고 우리가 정하는 여러 작은 섬으로 국한해야 한다."라고 결정했다. 이런 두 건의 국제적 법률 문서는 반파시즘 전쟁의 가장 중요한 성과로 중국 인민을 포함해 세계의 반파시즘 투쟁이 생명을 대가로 쟁취한 국제 조약이다. 그러나 과거 수십 년간 일본

은 '카이로 선언'과 '포츠담 선언'을 준수하지 않았을 뿐 아니라 사실상 부정해왔다.[71]

이에 일본의 외무성은 '기본 견해'라며 다음의 입장을 표명했다.

센카쿠 열도가 일본 고유의 영토라는 사실은 역사적으로도 국제법상으로도 의심할 여지가 없으며, 우리나라의 지배는 유효합니다. 따라서 센카쿠 열도에서 해결해야 할 영유권 문제는 애초에 존재하지 않습니다. 제2차 세계대전 후 1952년 4월, 샌프란시스코 평화조약의 발효로 일본 영토는 법적으로 확정됐습니다. 같은 조약 제2조에 의거해 센카쿠 열도는 우리나라가 포기한 영토에는 포함되지 않고, 제3조에 의거해 남서 제도의 일부로서 아메리카 합중국 관할이 됐습니다. 1972년 5월에는 일본국과 아메리카 합중국 간의 협정(오키나와 반환협정) 발효로 류큐 제도 및 다이토(大東) 제도는 시정권(施政權)이 우리나라로 반환된 지역에 포함됐습니다. 이상의 사실은 우리나라의 영토로서 센카쿠 열도의 지위를 무엇보다도 명료하게 보여주고 있습니다.[72]

여기서 문제는 앞서 서술했듯이 일본 정부가 샌프란시스코 평화(강

<hr />

71) 중화인민공화국 주일본국대사관, 〈일본의 댜오위다오 불법점거는 '카이로 선언' 등의 국제법 문서를 무시하는 행위(日本の釣魚島不法占拠は‘カイロ宣言’などの国際法文書をないがしろにするもの)〉 http://www.china-embassy.or.jp/jpn/zt/diaoyudao/qita/t973762.htm(2012년 12월 28일 열람)

72) 외무성 〈센카쿠 열도에 관한 기본견해(尖閣諸島についての基本見解)〉http://www.mofa.go.jp/mofaj/area/senkaku/kenkai.html(2012년 12월 28일 열람)

화)조약을 근거로 영토 주장을 하는 반면, 중화인민공화국은 조약 자체의 유효성을 인정하지 않는다는 사실이다. 중화인민공화국은 샌프란시스코 강화회의에서 대표단 파견을 거부당했기 때문이다. 따라서 중국 측에서는 일중 간 영토 원칙의 근본을 포츠담 선언에서 찾을 수밖에 없다. 다시 한 번 리궈장의 말을 인용하여 논리 전개를 들여다보자.

일본이 공적인 장소에서 국제법 문서의 실행을 약속한 확실한 증거가 있다. 1945년 8월 15일, 일본 정부는 '포츠담 선언'을 수락하고 무조건 항복했다. 9월 2일 '항복문서' 제1조 와 제6조에서 "'포츠담' 선언의 조항을 성실하게 이행한다."라고 선언했다. 이에 따라 댜오위다오는 대만의 부속도서로서 대만과 함께 중국에 반환됐다. 일본은 항복문서의 약속과 달리 실제로는 실행하지 않았고, 오히려 불법인 '샌프란시스코 강화조약'의 억지 해석으로 댜오위다오를 자국의 영토로 삼으려는 어리석은 기도를 했다.[73]

중화인민공화국 정부가 샌프란시스코 강화회의의 정당성을 인정하지 않더라도, 이 회의에서 일본이 독립을 회복했다는 사실의 무게에 비춰 일본 주장의 정당성에 어느 정도 근거를 부여하는 것이 가능하다고 가정해보자. 과연 일본 정부의 현재 주장은 정당성을 얻을 수 있을까? 이런 가정이 일리가 없는 것은 아니다. 중국은 중화민국에서 중화인민공화국으로

---

73) 중화인민공화국 주일본국대사관, 〈일본의 댜오위다오 불법점거는 카이로 선언 등의 국제법 문서를 무시하는 행위(日本の釣魚島不法占拠は'カイロ宣言'などの国際法文書をないがしろにするもの)〉 http://www.china-embassy.or.jp/jpn/zt/diaoyudao/qita/t973762.htm(2012년 12월 28일 열람)

정치 체제가 변경됐으므로 일본과 연합국들 간에 체결한 강화조약[여기에는 일본과 대만이 샌프란시스코 강화조약의 원칙을 확인한 일화(日華) 평화조약도 포함된다]은 중국과 상관없고 무효라는 입장을 내세운다. 그러나 샌프란시스코 강화회의에서 중국이 배제된 경위를 고려한다고 해도 이 회의에서 마련된 원칙을 완전히 무시하는 것은 이치에 맞지 않는다고 생각할 수 있다. 중국이 '샌프란시스코 강화조약은 무효'라는 입장을 고수하고 강화조약의 원칙을 완전히 무시한다면, 정부 교체를 이유로 자국을 연합국의 일원에서 확실히 분리하게 되는 셈이다. 그럴 때 포츠담 선언의 주체로서도 부정되므로 일본의 영토 주장에 대해 포츠담 선언 제8조를 근거로 대항할 수단을 잃기 때문이다.

요컨대, 중국이 자국의 입맛에 맞는 사정이면 연합국의 일원으로 행동하고 사정이 좋지 않으면 '그때는 다른 정부였다'고 주장한다면, 이중 잣대의 오류에 빠진다. 물론 샌프란시스코 강화회의 참가를 거부당한 중국 정부가 일중 간 영토 분쟁의 원리를 포츠담 선언 제8조에서 찾아야 한다고 주장하는 것은 이치에 맞는다. 그렇다면 현재 중국 정부는 애매하고 미묘한 문제를 해결고자 할 때 포츠담 선언에서 샌프란시스코 강화조약에 이르기까지 일관되게 일본에 적용한 원칙을 영토 주장에도 받아들이는 것이 논리에 맞는다. 이 논리는 뒤에서 언급할 일소(러시아) 사이의 문제에도 적용할 수 있다.

그러나 이런 논리의 문제는 실은 사소한 것에 지나지 않는다. 일본 영토는 포츠담 선언에서 샌프란시스코 강화조약에 이르면서 결정됐고, 전후 일본이 동의한 원칙은 지시마 열도[74] 처리를 예외로 하면 실제로 일관성이 있기 때문이다. 포츠담 선언 제8조와 샌프란시스코 강화조약 간 본질적 모순은 없다. 이미 서술했듯이 양자에 일관된 원칙은 전후 일본의 영토를 일청전쟁 이후 무력으로 빼앗은 모든 영토를 제외하고 한정하는 것이다. 이것이 포츠담 선언 제8조에서 말하는 '국한해야 한다'가 가리키는 구체적인 내용이다. 샌프란시스코 강화조약에서 일본 영토 조항은 다음과 같이 규정돼 있다.

제2장 영역

제2조

(a) 일본국은 조선의 독립을 승인하고 제주도, 거문도 및 울릉도를 포함한 조선에 대한 모든 권리, 권원(權原) 및 청구권을 방기(放棄)한다.

(b) 일본국은 대만 및 펑후 제도에 대한 모든 권리, 권원 및 청구권을 방기한다.

(c) 일본국은 지시마 열도와 또 일본국이 1905년 9월 5일 포츠머스 조약의 결과로 주권을 획득한 가라후토[75] 일부 및 이곳에 근접한 여러 섬에 대한 모든 권리, 권원 및 청구권을 방기한다. (후략)

위 조문에서 지시마 열도 처리 문제만이 지금 서술한 원칙과 다르나, 이 문제는 북방 영토를 다룰 때 고찰하기로 하자. 센카쿠 열도 문제와 직접

74) 千島列島: 러시아 명 쿠릴 열도(Курильские острова). 일본은 이곳을 '북방 영토'라고 부르기도 한다. 옮긴이.

75) 樺太: 러시아 명 사할린(Сахалин). 옮긴이.

적인 관련이 있는 조문은 (b)항에 일목요연하게 나타나 있다. 요컨대, 센카쿠 열도가 '대만의 일부'라면 일본은 정당하게 영유권 주장을 할 수 없으며, 이 열도가 '오키나와의 일부'라면 일본의 영유권 주장은 국제적으로 정당화될 수 있다. 그렇다면 센카쿠 열도가 일청전쟁을 계기로 대만의 일부에서 일본 영토가 됐는지, 아니면 이미 오키나와의 일부로 일본 영토에 속해 있었는지를 따져보면 결정할 수 있는 문제다.

이 문제의 역사적 배경은 이미 밝혀진 바와 같다. 1884년 일본의 민간인이 센카쿠 열도의 개척 허가 신청을 하자 내무경(卿) 야마가타 아리토모(山縣有朋)는 '국표건설'[76]을 상신(上申)한다. 그러나 당시 외무경 이노우에 가오루(井上馨)는 청나라를 자극할 수 있다는 이유로 이를 불허한다.[77] 이처럼 메이지 정부는 청(淸)을 의식했다. 그러나 현재의 외무성은 "원래 센카쿠 열도는 1885년 이후 정부가 오키나와 현 당국을 통해 수차례에 걸쳐 현지 조사를 했습니다. 그 결과 이곳은 무인도로 청나라의 지배력이 미친 흔적이 없음을 확인했습니다. 이런 신중한 확인이 이뤄지고 나서 1895년 1월 14일 현지에 푯말을 세운다는 방침을 각료회의에서 결정하고 정식으로 우리나라의 영토에 편입한 것"[78]이라고 공식 견해를 밝히고 있다. 하지만 이런 표현은 당시 센카쿠 열도가 마치 아무도 관심을 갖지 않는 주인 없는 땅이었다는 인상을 줘 오해의 소지를 남긴다.

더구나 중국사를 연구하는 학자 하네 지로(羽根次郎)가 지적했듯이,

---

76) 國標建設: 일본 영토임을 확인하는 표식을 세우는 일. 옮긴이.

77) 도요시타 나라히코, 《'센카쿠 문제'란 무엇인가》, 32쪽.

78) 외무성 〈센카쿠 열도에 관한 기본견해(尖閣諸島についての基本見解)〉 http://www.mofa.go.jp/mofaj/area/senkaku/kenkai.html(2012년 12월 28일 열람)

1870년대 메이지 정부가 '류큐 처분'을 단행하여 일청 양국에 함께 속해 있던 류큐 왕국을 '오키나와 현'으로 '일본화'할 때 청나라가 이를 묵과했던 것은 아니었다. 분명히 그간 센카쿠 열도가 화제에 오른 적은 없었지만, 이는 센카쿠 열도가 자연스럽게 일본의 지배하에 들어왔기 때문은 아니었다. 당시 일본 정부의 배타적 주권 확립이 진행되고 있었다고는 해도 오히려 오키나와 본도의 귀속조차도 획정(劃定)되지 않은 상태에 있었다. "류큐의 귀속 문제에 청나라 고관은 류큐 번(藩) 폐지와 오키나와 현 설치를 반대했다. 따라서 류큐 해역에 있는 센카쿠 열도를 자국 영토라고 따로 말할 필요가 없었다."[79] 즉 당시 일청 양국 간의 문제는 센카쿠 열도만이 아니라 센카쿠 열도를 포함한 오키나와 전체의 귀속 문제였다. "그래서 일청전쟁 이전 사료에서 센카쿠 열도의 귀속 문제를 개별적으로 다룬 것이 전혀 없는 것이다. 오키나와 전체의 귀속 문제에 이론이 있었기에, 어떻게 생각하면 이는 당연한 일이다."[80] 외무성의 '기본 견해'는 이런 역사적 사정을 무시하고 은폐함으로써만 성립할 수 있는 엉터리 이야기다.

앞서 보았듯이 1895년 1월 14일 센카쿠 열도는 일본 영토로 편입됐는데, 당시에는 일청전쟁이 한창이었다. 외무성의 '기본 견해'는 고의인지 아닌지 알 수 없지만 이런 사실을 언급하지 않는다. 그러나 이 날짜는 센카쿠 열도 문제에서 결정적인 의미가 있다. 즉 일청전쟁 후 시모노세키(下関) 조약(1895년 4월 17일 체결)으로 일본은 청으로부터 대만과 평후 제도를 할양받았으나 제2차 세계대전 후 전후 처리 원칙대로 이 지역은 일본 영토에

79) 하네 지로, 〈센카쿠 문제에 내재된 법리적 모순—'고유영토'론을 극복하려면(尖閣問題に内在する 法理的矛盾—「固有の領土」論の克服のために)〉,《世界》, 2012년 11월 호, 岩波書店, 119~120쪽.
80) 같은 책, 120쪽.

서 제외됐다. 요컨대, 센카쿠 열도가 일본령이 된 시기는 지극히 미묘하다. 일청전쟁의 결과로 일본 영토가 됐다고 단정할 수 없는 한편, 일본에 유리한 전황과 영토화가 공식적으로 결정된 측면에서 보면 '일청전쟁의 승리로 획득한 영토'라는 성격도 있기 때문이다. 결국, 지금까지 전후 역사에서 국제적으로 승인된 영토 문제 원칙에 비춰 볼 때 일본과 중국의 주장은 각기 일리가 있다고 할 수 있다. 저우언라이는 "이 문제를 논의하다 보면 며칠이 걸릴지 모릅니다."라고 정곡을 찔렀다.

양국이 영토 문제를 양보하지 않고 실력 행사로 매듭짓는 어리석음을 저지르지 않는다면, 서로 합의해서 국제사법재판소의 판단에 맡기는 방법이 있다. 그러나 영토 문제를 다룰 때 문제 지역의 실효 지배를 확보하고 있는 쪽은 대체로 영토 문제 자체를 인정하지 않는다. 센카쿠 열도에 관한 외무성의 견해도 마찬가지다. 혹시라도 외무성이 국제사법재판소에 이 문제의 해결을 위임한다면, 앞서 봤듯이 일본 측에 유리한 판결이 날 보장이 전혀 없음을 예측할 수 있다. 그렇다면 오랜 기간 일본과 중국이 유지해온 '보류'라는 '해결 아닌 해결'은 '저자세'라기보다는 오히려 일본에 유리한 상태를 지속하는 데 공헌해왔다고 해도 무방하다.

그런데 센카쿠 열도 문제를 더욱 복잡하게 만드는 요인은 바로 미국의 존재다. 첫째, 미국은 '센카쿠는 일미 안보의 적용범위'라는 견해를 여러 차례 표명했으나 이 언급은 립 서비스에 지나지 않는다. 센카쿠 열도 귀속 문제에서 미국은 '중립의 입장'을 취하고 있기 때문이다. 일찍이 도요시타 나라히코가 지적했듯이 미국은 오키나와 반환 이후에도 센카쿠 열도를 구성하는 두 개의 섬, 구바시마(久場島)와 다이쇼토(大正島)에 미군 사격장을 설치하고 이 섬들을 배타적으로 관리하고 있다(군사 시설로 사용한 실적은 없

다). 그런데도 중립적인 입장이라니 무책임하다고 말할 수밖에 없다.[81]

둘째, '센카쿠는 일미 안보의 적용범위'라는 미국 정부의 견해는 센카쿠 열도에서 일본과 중국 간 무력 충돌이 발생해도 반드시 미군이 참전한다는 것을 의미하지는 않는다는 점이다. 마고사키 우케루가 상세하게 논하고 있듯이, 일미 안보조약 제5조는 "각 조약 체결국은 일본의 관할 아래 있는 영역에서 어느 쪽이든 한쪽에 대한 무력 공격이 자국의 평화 및 안전을 위태롭게 한다는 것을 인정하고, 자국의 헌법상 규정 및 절차에 따라 공동의 위험에 대처할 수 있도록 행동할 것을 선언한다."라고 규정하고 있다. 그러나 이 조항이 반드시 미국의 참전을 의미하는 것은 아니다. 마고사키 우케루의 말을 들어보자.

미국은 조약상의 의무를 지지 않는다. 제5조에서 '자국의 헌법상 규정으로 행동한다'고 밝히고 있다. 그렇다면 미국 헌법의 규정이란 무엇을 의미하는가. 미국 헌법 [제1장] 제8조 [연방 의회의 입법 권한] 제11항에 전쟁 선언이 명시돼 있다. 다른 한편으로 대통령은 군 최고 사령관이며 전쟁 수행 권한을 갖는다. 이렇게 전쟁 개시 권한을 분산한 것은 미국이 맞이할 위험을 최소화하려는 의도로 보인다. 의회의 전쟁 선언권과 군 최고 사령관 사이의 권한 조정에 관해서는 법적으로 여러 가지 논의가 있지만, 대통령은 전쟁이 일어날 경우 정치적으로 가능한 한 의회의 승낙을 얻도록 노력한다.

이런 상황에서 '일본과 중국은 주권을 놓고 옥신각신 다투고 있고, 미국

---

81) 도요시타 나라히코, 위의 책, 82~84쪽.

은 주권 문제에 중립' 입장을 취하고 있기에 센카쿠 열도 문제에 의회 동의 없는 군사 개입은 있을 수 없다. 따라서 미국이 안보조약에서 약속한 것은 고작해야 '의회의 승인을 얻도록 노력한다'는 정도다.[82]

마고사키는 한 걸음 더 나아가 북대서양 조약에서 미국의 즉각적인 무력행사 실행규정과 비교할 때 일미 안보조약에서 정한 참전규정이 얼마나 느슨한지를 명확하게 보여준다. 물론 미국이 '센카쿠 열도는 안보의 적용 범위'라고 반복해서 선언한 이상, 유사시 미국 대통령에게는 의회와 참전을 논의할 의무가 확실히 부과될 것이다. 하지만 미국 정부가 일관되게 '중립의 입장'을 고수하는 문제에 자국민의 피를 흘려가며 개입하겠다는 대통령의 결정이 과연 의회를 설득할 수 있을지 매우 염려스러울 따름이다.

이처럼 미국의 무력 개입 여부는 애초부터 의심스러웠지만, 그렇다고 미국의 개입으로 일본이 안전해질 리도 없다. 일본 국민 대다수가 '유사시 미국이 있으니 괜찮다'고 생각한다면, 이야말로 평화망상[83]의 극치를 보여주는 사고방식이다. 만약 미국이 참전을 결정한다면, 이는 센카쿠 열도 문제의 중국 개입을 패권 확대의 결정적 계기로 간주하고, 상당한 각오로 치고 나오는 사태로 봐야 한다. 다시 말해 국지전을 넘어설 가능성이 있음을 의미하는 불길한 시나리오다. 현재 미국의 중국에 대한 태도로 볼 때 이런 시나리오는 실현 가능성이 적지만, 절대로 일어날 수 없는 일은 아니다.

또한, 미국이 참전하면 센카쿠 분쟁은 핵전쟁으로 비화할 가능성이 크

---

82) 마고사키 우케루, 《일본의 국경문제(日本の国境問題)》, 158쪽.
83) 平和ボケ : 전쟁과 같은 안보상 위급한 문제에 관심이 없거나 현실 감각을 잃은 상태. 옮긴이.

다. 물론 중국은 비핵보유국을 향해 핵무기는 절대 사용하지 않고, 선제 사용도 하지 않겠다는 방침을 공식적으로 표방하고는 있지만, 이런 방침이 유사시에 실제로 관철될지는 불분명하다. 확실하게 말할 수 있는 것은 분쟁이 일중 양국 선에서 그친다면 중국은 핵무기 사용의 대의명분을 잃지만, 미국이 가세하는 즉시 대의명분이 생길 수 있다는 사실이다. 그리고 중국이 배치한 대륙간 탄도미사일의 정밀도가 어느 정도인지 상세히 알 수는 없지만, 미국 본토보다 일본 열도를 향해 발사하는 편이 쉽다는 사실 또한 분명하다.

1969년 중소 국경분쟁 당시 불모의 땅 다만스키 섬(珍寶島)에서 양국이 핵무기를 대기시켰던 적이 있었다. 물론 분쟁의 배경에 중국과 소련 간의 더 심각한 대립이라고 할 수 있는 중소논쟁[84]이 있었지만, 절대 잊지 말아야 한다. '쓸모없는 섬을 두고 핵무기를 사용하는 일은 있을 수 없다'니 얼마나 어리석은 생각인가. 센카쿠 열도 문제가 더 중요한 역사의 획을 긋는 사건과 연결된다면, 터무니없는 참화의 도화선이 될 가능성이 있다.

센카쿠 열도가 이런 정세의 한가운데 있는데도 이시하라 신타로 당시 도쿄 도지사는 센카쿠 열도 구입을 호언장담하며 문제를 키웠다. 애초부터 그는 미국이 두 개 섬을 관리한다는 사실을 전혀 고려하지 않았고, 나중에 이 문제가 거론되자 곧바로 물러났다. 이를 두고 도요시타 나라히코는 다음과 같이 논평했다.

---

84) 中蘇論爭: 1960~1964년 진행된 국제공산주의운동 노선을 둘러싸고 벌어진 중국 공산당과 소련 공산당 사이 이념 논쟁. 이 논쟁은 국가 관계에까지 영향을 끼쳐 결과적으로 중소 양국이 대립하기에 이르렀다. 옮긴이.

정부 문제에 '참견'했던 이시하라 씨는 미국과의 관계 문제가 불거지자 곧바로 '참견은 아니'라며 물러서는 듯하다. 어떻든지 '그대로 좋다'는 말은 센카쿠 다섯 개 섬 중 두 곳을 미군의 배타적 관리하에 '일본인 출입금지' 상태를 반영구적으로 지속해도 좋다는 것이다.

이쯤 되면 이시하라 씨는 두 개의 섬을 일본의 '고유 영토'가 아니라 미국의 '고유 영토'로 간주하는 듯하다. 이것이 바로 일본을 대표하는 '내셔널리스트'가 현재 서 있는 위치이자, '미국에는 아첨하고 중국과 한국에는 고압적인 태도를 보이는' 전후 일본의 '뒤틀린 내셔널리즘'의 모습을 상징한다.[85]

이시하라에 대한 이런 평가에 전적으로 동의하지만, '뒤틀린 내셔널리즘'보다는 '병적인 비소(卑小)함'이 더 적절한 표현이라고 생각한다. 왜냐면 이 표현에는 '영속패전'의 구조가 순수한 형태로 드러나 있기 때문이다. 미국에는 패전으로 이뤄진 종속 구조를 한없이 인정함으로써 이를 영속화하는 한편, 그에 대한 보상 행위로서 중국을 비롯한 아시아에서는 패배 사실을 절대로 인정하지 않는다. 이런 '패배의 부인'을 지속하기 위해 더욱더 미국의 졸개가 돼야 한다. 노예와 같은 복종이 패배의 부인을 지탱하고, 패배의 부인이 노예 행위의 보상이 된다.

한편, 센카쿠 열도 문제에서 미국의 군산복합체(軍産複合體)에 가장 큰 이득이 되는 시나리오의 전개는 어떤 것일까? 긴장이 고조됨에 따라 일본의 방위 예산이 대폭 늘어나는 것이다. 분쟁이 일어나주면 더욱 좋다. 이시

---

85) 도요시타 나라히코, 《'센카쿠 문제'란 무엇인가》, 10~11쪽.

하라가 기자회견을 했던 장소가 헤리티지 재단(미국 우파 계열 싱크탱크)이었다는 사실은 매우 시사적이다. 이런 이해관계에 따라 일본의 자칭 '내셔널리스트'들은 실제로 크게 공헌하기를 욕망하고, 또 그렇게 행동한다.

북방 영토 문제

지금부터 일본과 러시아 사이의 현안 과제이자 지금도 계속되고 있는 북방 영토 문제를 살펴보자. 이 문제의 최근 움직임으로 2012년 12월 출범한 제2차 아베 신조 내각의 해결을 향한 적극적인 자세 표명을 들 수 있다. 예컨대 다음과 같다.

> 28일 아베 총리는 러시아 푸틴 대통령과 약 20분간의 전화 회담에서 평화조약 체결 작업의 활성화 필요성에 관한 의견의 일치를 보았다. 푸틴은 아베에게 러시아 방문을 요청했고, 2013년 안에 실현할 수 있게 조정하겠다고 확인했다.
>
> 총리는 북방 영토 문제를 두고 "일러 간 최대 현안이며, 쌍방이 수용 가능한 해결책을 모색하기 위해 노력했으면 한다."라며 의견을 구했다. 이에 푸틴은 "평화조약 작업을 더 활발하게 진행하라고 양국 외무성에 지시할 필요가 있다."라고 응답했다.[86]

---

86) 《마이니치신문(毎日新聞)》, 2012년 12월 29일.

일본의 총리가 바뀔 때마다 이런 발언이 나왔고, 그때마다 아무런 변화도 일어나지 않았으므로 굳이 주목할 필요는 없을지도 모르겠다. 그래도 이것이 진심인 셈 치고 받아들여 보자. 이런 보도에 따르면 아베 정권은 북방 영토 문제 해결을 위해 상당히 '성급한' 자세를 취하고 있는 듯한 인상을 준다. 그러나 역사적 경위로 볼 때 아베 총리가 말한 '쌍방이 수용 가능한 해결책'은 일본 정부가 지금까지 취해온 입장이 근본적으로 바뀌지 않는 한 상상하기 어렵다.

그렇다면 북방 영토 문제의 역사적 경위는 어떠했는가. 1945년 8월 9일 소련은 대일 전쟁을 개시하고(선전포고는 8월 8일), 일본의 포츠담 선언 수락(8월 14일)과 항복문서 조인(9월 2일) 후에도 군사행동을 계속했다. 그러면서 '북방 영토'라고 부르는 구나시리 섬(國後島)과 에토로후 섬(擇捉島), 시코탄 섬(色丹島) 및 하보마이 제도(齒舞諸島)를 포함하는 영역이 소련(이후 러시아)의 실효 지배에 들어갔다. 소련은 결국 9월 5일까지 당시 일본령을 계속 침공하여 미나미가라후토[87], 지시마 열도의 모든 섬 및 시코탄 섬, 하보마이까지 점령했다. 이런 행동은 전쟁이 끝날 무렵 생길 수 있는 혼란의 가능성을 고려한다고 해도 도저히 정당화될 수 없는 침략 행위였다[아울러 이 시기에 소련은 56만 명 혹은 76만 명이라는 많은 사람을 끌고 가 강제노동을 시켰다(시베리아 억류)]. 이 한 가지만 본다면 지금까지 일본 정부가 소련/러시아에 계속 주장해온 영토 요구는 꽤 정당한 것처럼 보인다.

그러나 앞서 보았듯이 샌프란시스코 강화조약 제2장 제2조 (c)항에는 "일본국은 지시마 열도와 일본국이 1905년 9월 5일 포츠머스 조약의 결과

---

87) 南樺太: 남사할린. 옮긴이.

로 주권을 획득한 가라후토 일부 및 이곳에 근접한 여러 섬에 대한 모든 권리, 권원 및 청구권을 방기한다."라고 기재돼 있다. 명백히 전후 일본의 영토 획정 원칙에서 벗어난 조문이다. 미나미가라후토는 일러전쟁의 결과로 일본이 러시아로부터 획득했으니 이를 잃는 것이 원칙에 맞는다. 하지만 지시마 열도는 1875년 체결된 가라후토와 지시마 교환 조약으로 평화스럽게 일본 영토로 편입됐기에 원칙에서 벗어난다. 그런데도 당시 요시다 정권은 이런 조문을 수용하고 말았다. 저간의 사정을 생략하고 간단히 말하자면, 얄타 밀약[88]의 존재와 중국 공산화 및 한국 전쟁 등 동서 대립이 고조되는 시기에 미국이 소련의 지시마 열도 실효 지배를 묵인했기에 이처럼 원칙에서 벗어난 상황이 발생했다고 볼 수밖에 없다. 하지만 **일본이 지시마 열도를 포기하는 데 동의했다**는 사실이 무엇보다 중요한 포인트다.

이미 언급했듯이 소련이 샌프란시스코 강화조약 조인을 거부했으므로 일본과 소련은 1956년 일소 공동선언에 이르러서야 국교 회복을 도모하게 됐다. 열 가지 조항으로 이뤄진 선언에서 영토 문제는 아래 두 곳에서 다뤘다.

6. 소비에트 사회주의 공화국 연방은 일본국에 대해 모든 배상청구권을 방기한다. 일본국 및 소비에트 사회주의 공화국 연방은 1945년 8월 9일 이후의 전쟁 결과 발생한 각국의 단체 및 국민은 상대방의 나라, 단체 및 국민에 대한 모든 청구권을 상호 간에 방기한다.

---

88) 1945년 얄타에서 개최된 미국·소련·영국 수뇌부 회담에서 스탈린은 극동 문제와 관련해서 독일 항복 후 2~3개월 이내 대일 참전의 대가로 미나미가라후토, 지시마 열도, 만주 권익을 얻는 밀약을 체결했다.

9. 일본국 및 소비에트 사회주의 공화국 연방은 양국 간 외교관계를 정상적으로 회복한 후, 평화조약 체결 교섭을 계속한다는 데 동의한다. 소비에트 사회주의 공화국 연방은 일본의 요망에 응하고, 일본의 권익을 고려하여 하보마이 제도 및 시코탄 섬을 일본에 양도하는 데 동의한다. 단, 이 섬들은 일본과 소비에트 사회주의 공화국 연방 간 평화조약이 체결된 후 양도하기로 한다.

얼핏 봐도 이 조문은 '승전국'과 '패전국' 간 입장 차이를 절감케 하는 엄격한 내용을 담고 있는데, 핵심은 다음과 같다. 제6조는 쉽게 말해 전쟁의 결과로 발생한 상황에 '서로 토를 달지 말자'는 것이다. 결국, 대일 처리 원칙에서 벗어난 지시마 열도의 소련 편입에 일본은 이의 제기 권리를 포기하겠다는 뜻이다. 샌프란시스코 강화조약에서 일본은 지시마 열도를 모두 포기한 바 있다. 게다가 제6조에서 제9조에 이르는 논리 구성의 관점에서 보면 '공동선언'의 엄격함은 일본에 두드러진다. 다시 말해 제6조에서 '현재 상황에 불만을 갖지 않는다'고 서술한 이상, 일본은 아무런 항의도 못하지만 소련은 이른바 '승자의 관용'으로 하보마이 제도와 시코탄 섬을 일본에 돌려준다는 논리 구성이 가능하다. 이 정도로 영토 문제가 타결된다면 평화조약을 체결하리라는 논리다.

이렇듯 영토 문제에서 일소 공동선언의 요점은 일본이 하보마이 제도 및 시코탄 섬을 제외한 모든 섬을 단념한다는 것이었다. 이처럼 일본에 엄격한 조건인데도 당시 하토야마 이치로(鳩山一郎) 정권은 받아들여야 했다. 승전국과 패전국의 입장 차이와 실력 차이에 더불어 시베리아 억류자의 귀국 사업까지 추진해야 하는 절박함이 있었다. 또한, 국제연합 가입을 실현해야 하는 사정까지 겹쳐 서두를 수밖에 없었다. 바꿔 말해 하토야마 정권은 영토 면에서 희생을 치르더라도 소련과의 관계 개선을 지향했던 것이다.

그런데 이때, 이른바 '덜레스의 협박'이 가해진다. 당시 미 국무장관이 었던 덜레스(John Foster Dulles)가 하토야마보다 먼저 소련과 교섭했던 시게 미쓰 마모루(重光葵) 외무장관에게 "이 조건으로 일소 평화조약 체결을 밀 어붙인다면 미국은 오키나와를 영구히 반환하지 않겠다."라며 개입한 것 이다. 일본이 샌프란시스코 강화조약에서 지시마 열도를 이미 포기한 이 상, 영유하지 않은 에토로후 섬과 구나시리 섬을 미국의 허가 없이 다른 나 라에게 양도할 수 없다는 논리였다.[89]

실로 가공할 만한 강변이었다. 샌프란시스코 강화조약에서 다른 어떤 나라도 아닌 바로 미국이 일본에 지시마 열도 포기를 강요했으면서 그 포 기를 구실로 '당신이 소유하지 않은 것을 타인에게 양도할 수 없다'고 압 박했던 것이다. 이처럼 덜레스가 강경하게 개입한 의도를 아리마 데쓰오 (有馬哲夫)는 다음과 같이 두 가지로 정리했다. '(1) 북방 영토 문제가 일소 간에 해결되지 못하게 하고, 일본인의 비난이 미국의 오키나와 점령으로 향하지 않게 한다. (2) 일본이 소련에 강한 적의를 품게 해서 소련의 우호 국이 되거나 중립 정책을 펼치지 않고 미국의 동맹국으로 남게 한다.'[90] 덜 레스의 행위는 정말 '협박'이라고 불러 마땅했다. 일미 관계사 연구자 마 이클 샬러(Michael Schaller)는 어떻게든 타협점을 찾으려는 시게미쓰의 노력

---

89) 아리마 데쓰오,《CIA와 전후일본—보수합동·북방영토·재무장(CIAと戦後日本—保守合同·北方 領土·再軍備)》, 平凡社新書, 2010, 31~32쪽.
90) 같은 책, 20~31쪽.

을 꺾어버린 덜레스가 "소련이 지시마 전체를 손에 넣을 경우 미국은 영원히 오키나와에 눌러앉게 될 것이다. 그렇게 된다면 어떤 일본 정부도 존속하기 어려울 것이다."라고 단언했다고 전했다.[91)]

이런 연유로 일본은 '오키나와를 택할지 북방 영토를 택할지' 괴로운 선택의 기로에 서게 됐다. 정확히 말해 일소 공동선언 선에서 평화조약 체결이 진행된다면 하보마이와 시코탄 두 섬만 반환되므로 오키나와와 하보마이·시코탄 사이에서 결정해야 할 상황이었다. 규모나 인구를 고려하면 오키나와를 우선시할 수밖에 없었다. 동시에 이 선택은 냉전구조 세계에서 미국을 동맹국(이라기보다 종주국)으로 택할 것이냐, 아니면 소련을 택할 것이냐는 문제이기도 했는데, 전후 대부분 일본인의 선택은 전자임이 자명했다. 이렇게 보면 북방 영토 문제는 해결되지 않는 편이 더 나았다고 볼 수밖에 없다. 샌프란시스코 강화조약에서 일소 공동선언에 이르는 과정에서 합의된 내용을 보면, '네 개 섬을 반환하라'는 일본 측 주장은 확실히 무리였고, 소련이 타협할 가능성은 거의 없었다. 즉 미국은 일본에 상대방이 절대 받아들일 리 없는 요구를 하게 함으로써 우호 관계 수립을 좌절시키려는 의도를 사실상 품고 있었고, 이런 의도는 실제로 그렇게 실현돼왔다.

그러나 소련이 무너지면서, 즉 냉전구조가 와해되면서 상황 자체가 달라졌다. 러시아를 가상 적국으로 삼을 필요성이 사라진 것이다. 그런데도 일본의 대러시아 외교 방침은 기본적으로 변하지 않았다. '덜레스의 협박'으로 지어낸 억지 논리가 더는 필요 없어졌지만 계속 고집하다가 결국 자

---

91) 마이클 샬러,《'일미관계'는 무엇이었을까─점령기부터 냉전 종결 후까지(「日米関係」とは何だったのか─占領期から冷戦終結まで)》, 이치카와 요이치(市川羊一) 역, 草思社, 2004, 214쪽.

승자박하게 된 애처로운 모습을 드러낸 문제의 대목이다. 또한, 오키나와에 미국(군)이 지금까지 머무르고 있는데도 협박당한 자들의 후계자들이 여전히 일본 정부를 구성하고 있다는 사실은 덜레스조차 예상치 못했을 것이다.

외무성은 일본이 샌프란시스코 강화조약에서 지시마 열도를 포기하겠다고 선언했는데도 소련, 즉 러시아에 그 일부의 반환을 요구하는 모순을 정당화하려고 '지시마 열도'의 범위를 상식과 달리 설정하는 억지 농간을 부려왔다. '남 지시마(南千島)'로도 불리는 에토로후 섬과 구나시리 섬은 '지시마 열도'에 속하지 않는다는 주장이 바로 그것이다. 현재 외무성의 공식 견해를 들어보자.

평화조약 자체는 지시마 열도의 지리적 범위를 확실히 규정하고 있지 않습니다만, 우리나라의 입장은 충분히 밝힌 바 있습니다. 평화조약에서 말하는 '지시마 열도'에 일본 고유의 영토인 하보마이 제도를 비롯한 시코탄 섬 및 구나시리와 에토로후 섬이 포함되지 않는다는 해석은 우리나라를 구속하는 어떤 국제 합의와도 모순되지 않습니다.
일본 정부도 국회 심의 등에서 구나시리, 에토로후 두 섬은 일본 고유의 영토여서 샌프란시스코 강화조약에서 포기한 '지시마 열도'에 포함되지 않는다는 견해를 계속 밝혀왔습니다.[92]

여기에는 지적해야 할 문제가 많다. 우선 "평화조약에서 말하는 '지시

92) 외무성, 《우리의 북방 영토(われわれの北方領土) 2011년 판》, 11쪽.

마 열도'에 일본 고유의 영토인 하보마이 제도를 비롯한 시코탄 섬 및 구나시리와 에토로후 섬이 포함되지 않는다는 해석"은 궤변에 가깝다. 하보마이와 시코탄 섬이 지시마 열도에 포함되지 않는다는 견해는 요시다 시게루가 총리 재임 당시 꺼낸 이야기로 그런대로 설득력은 있다. 이와 달리 '구나시리와 에토로후 섬이 포함되지 않는다'는 견해는 나중에도 살펴보겠지만 상식에 어긋나는 정치적 억지일 뿐이다.

또한, 일본의 영토 문제에서 반드시 사용되는 '일본 고유의 영토'라는 마법의 주문이 어김없이 사용되는 것도 문제다. '고유의 영토' 개념은 일본 정부가 영토 문제의 기본 견해를 진술할 때마다 흔히 사용된다. 그런데도 외무성은 이를 정의해놓지 않았다. 국제법적으로도 정의되지 않은, 의미가 불분명한 개념이다. 하지만 그간 외무성의 사용법으로 보건대, '일본 고유의 영토'는 '전후 일본이 원칙에 따라 정치적 정당성을 가지고 영유를 주장할 수 있는 영토' 정도의 의미가 아닌가 싶다. 에토로후 섬까지를 '일본 고유의 영토'로 삼을 합리적인 이유는 전혀 찾아볼 수 없는 논리인데도 고집을 부리고 있다. 전후 대일 처리 대원칙에 따르면 지시마 열도의 모든 섬과 지시마 북동단의 슈무슈 섬(占守島)까지만 영유권을 주장해야 이치에 맞는데, 외무성은 이 같은 주장을 펼친 적이 없다. 이것으로 '고유의 영토'는 확실한 원칙에 바탕을 둔 주장이 아니라 끝없이 미국을 따르는 종속 외교의 영속화를 위한 개념이라는 사실을 알 수 있다. '고유의 영토' 개념은 그저 원칙도 없는 편의주의를 정당화하려는 방편에 불과했던 것이다.

끝으로, 1956년 8월 19일 '덜레스의 협박' 전후로 미국의 의향을 살피고자 '에토로후, 구나시리는 지시마 열도에 포함되지 않는다'는 외무성의 견해가 발표된 것은 사실이다. 그런데 '일본 정부도 국회 심의 등에서 구나시리, 에토로후 두 섬은 일본 고유의 영토여서 샌프란시스코 강화조약에서 포기한 '지시마 열도'에 포함되지 않는다는 견해를 계속 밝혀왔습니다'라는 대목은 명백한 거짓이다. 이미 샌프란시스코 강화조약 국내 승인 절차 당시 니시무라 구마오(西村熊雄) 조약국장이 1951년 10월 19일 국회 답변에서 "조약에서 말하는 지시마 열도의 범위에 북 지시마(北千島)와 남 지시마가 포함된다고 생각한다."라고 발언했기 때문이다. 또한, 일주일 후 26일 국회에서 당시 일미 안전보장 조약 특별위원장 다나카 만이쓰(田中萬逸)는 "유감스럽지만 조문 제2조에 의해 지시마와 가라후토에 대한 주권 포기가 명백해진 이상 일본은 이에 대해 어떤 권리도 없으며 국제사법재판소(ICJ)에 제소할 방법도 없다. 또한, 쿠릴 열도[93]의 범위는 이른바 북 지시마와 남 지시마를 포함한다."[94]라고 말했다. 이런 경위로 보건대, 샌프란시스코 강화조약 체결 당시 정부는 일본이 지시마 열도 전체를 포기한다는 결정을 명확히 밝히고서도 입장을 바꾸고 사실을 은폐하여 국민을 속였음을 알 수 있다.

소련이 무너지고 신생 러시아가 됐지만, 러시아 정부는 '일소 공동선언이 영토 교섭의 기초'라는 취지를 반복해서 표명했고, 1993년 '도쿄 선언'[95]을 비롯해 일본도 이에 동의했다. 그런데도 하보마이, 시코탄 이상의 영토를 계속 요구하고 있으니 이런 응석이 따로 없다. 문제는 일본 국민 대다수가 이런 상황을 이해하지 못한 채 일본의 주장이 자명하고 요구가 정

---

93) 지시마 열도. 옮긴이.

94) 경위에 대해서는 마고사키 우케루,《일본의 국경 문제(日本の国境問題)》, 104~109쪽 참조.

95) 러시아 옐친 대통령과 호소카와 총리가 대담 후 양국 수뇌부가 합의한 문서. 이 문서엔 양국 정상화를 위한 북방 영토 문제가 언급돼 있다. 옮긴이.

당하다고 생각하는 이상한 사회로 흘러가고 있다는 점이다. 지금까지 봐왔듯이 이런 요구를 관철하려면 궁극적으로 지시마 열도 포기를 약속한 샌프란시스코 강화조약을 부정하고 파기해야 한다. 그러나 일본 사회는 진실을 직시하려 하지 않는다. 바로 여기에 '패전의 부인'이 있다.

법률이나 외교 문서를 다루는 논의를 떠나 과연 '패전의 부인'으로 지시마 열도의 전후 처리 과정은 잘못됐으며, 일소 공동선언은 일본을 궁지에 몰아넣은 부당한 일이라고 생각하는 일본 국민의 감정을 해소할 수 있을까? 물론 소련의 대일 참전에서 일소 공동선언에 이르는 일련의 행위에는 도의적 측면에서 비난의 여지가 많다. 그러나 많은 일본인은 소련의 횡포가 일본의 시베리아 출병(1918~1922)에 대한 보복이라는 측면이 있음을 간과하고 있다. 총 7만 명이 넘는 병력을 투입했던 일본의 군사 행동은 명백한 내정간섭이었다. 1925년 일소 기본조약이 체결되면서 국교는 수립됐지만 시베리아 출병으로 인한 피해 보상은 전혀 이뤄지지 않았다. 또한, 당시 일본이 빼앗은 기타가라후토(北樺太)의 석유 이권은 계속 보호받았다. 요컨대, 혁명과 전쟁의 상처로 얼룩진 소련의 어려운 상황을 파고들어 일본에 유리한 조건을 받아들이게 했던 것이다.

이처럼 국가의 행동 수준에서 일본과 소련 양국이 저지른 일들을 되돌아보면 '모두 변변치 않다'고 논평할 수밖에 없다. 대개 국가가 내세우는 '정의'는 고작 이 정도밖에 되지 않는다. 이 점을 몇 번이라도 가슴에 새겨야 한다. 또한, 자국의 행동이나 주장은 무조건 정의롭다고 믿는 유치한 심성을 청산해야 한다(일본만의 과제는 아니다). 그러나 '패전의 부인'이 계속되는 한, 이는 불가능한 일이다.

다케시마(독도) 문제

마지막으로 다케시마 문제의 역사적 경위를 살펴보기로 하자. 샌프란시스코 강화조약의 다케시마 관련 내용은 제2장 제2조 (a)항에 다음과 같이 기재돼 있다. "일본국은 조선의 독립을 승인하고 제주도, 거문도 및 울릉도를 포함하는 조선에 대한 모든 권리, 권원 및 청구권을 방기한다." 외무성은 조문을 결정한 경위를 다음과 같이 설명하고 있다.

1. 1951년(쇼와 26년) 9월 서명한 샌프란시스코 평화조약에는 일본이 조선의 독립 승인을 규정하고, 동시에 일본이 포기해야 할 지역으로 '제주도, 거문도 및 울릉도를 포함하는 조선'이라고 규정했습니다.
2. 미영 양국의 초안 내용으로 이 부분을 받아들인 한국은 같은 해 7월, 양유찬(梁裕燦) 주미 한국대사를 통해 딘 애치슨(Dean Gooderham Acheson) 미 국무장관 앞으로 서한을 보냈습니다. 내용은 다음과 같습니다. "우리 정부는 제2조 (a)항에 있는 '방기한다'는 말을 '(일본국이) 조선 및 제주도, 거문도, 울릉도, 독도와 파랑도(이어도)를 포함하는, 일본이 조선을 병합하기 전 조선의 일부였던 섬들에 대한 모든 권리와 권원 및 청구권을 1945년 8월 9일에 방기한 것을 확인한다'로 바꿔놓기를 요망합니다."
3. 이 같은 한국 측의 의견서에 미국은 같은 해 8월, 러스크(David Dean Rusk) 극동 담당 국무차관보를 통해 양 대사에게 회답하면서 한국 측 주장을 다음과 같이 명확하게 부정했습니다.
   '(…) 합중국 정부는 1945년 8월 9일 일본의 포츠담 선언 수락이 동 선언에서 언급한 지역에 대한 일본의 공식적 또는 최종적인 주권 포기를 구성하는 논리로 (샌프란시스코 평화)조약이 받아들여야 한다고 생각하지 않는다. 우리 정보에 따르면 독도 혹은 다케시마 혹은 리앙쿠르 암(Liancourt Rocks)으로 알려진 사람 없는 바위섬은 조선의 일부로 취급된 적이 결코 없으며, 1905년경부터 일본의 시마네(島根) 현 오키노시마(隱岐島) 지청 관할하에 있다. 일찍이 조선에서 영유권을 주장했다고 보기는 어렵다. (…)'

이런 서신 내용을 짚어보면, 미국은 다케시마를 일본 영토로 긍정하는 것이 분명합니다.[96]

요컨대, 샌프란시스코 강화조약에서 일본이 포기한 영토에 다케시마는 포함되지 않는다. 여기에 북방 영토 문제와 다케시마 문제의 큰 차이가 있다. 샌프란시스코 강화회의에 대표를 파견할 길이 없었던 한국은 이런 식의 영토 문제 처리에 불복하고 1952년 '이승만 라인'[97]을 선언, 다케시마를 그 안에 포함시켰다. 54년에는 다케시마에 주둔 부대를 파견하여 실효 지배를 시작했다. 이승만 라인의 설정 후, 일본 어민이 한국 측 관리 당국에 나포 또는 구속되거나 총격을 당하는 등 소소한 다툼이 일어나 도합 44명의 사상자가 발생했다. 이런 상황은 1965년 일한 기본조약과 어업협정의 부속 체결로 간신히 해소됐지만 조약에서 다케시마 문제는 명확히 기재되지 않았다. 사실상 '보류' 상태로 지금에 이르렀다. 단, 1965년과

---

96) 외무성 〈샌프란시스코 평화조약에서 다루는 다케시마(サンフランシスコ平和条約における竹島の取扱い)〉 http://www.mofa.go.jp/mofaj/area/takeshima/g_sfjoyaku.html(2012년 12월 31일 열람)
97) 1952년 1월 18일 이승만 대통령이 선포한 해양주권선. 옮긴이.

1999년 일한 어업협정 체결로 다케시마 주위는 '잠정 수역'으로 규정돼 조업 면에서 일본이 양보하는 결과를 낳았다.

이처럼 일본이 안고 있는 세 가지 영토 문제에서 다케시마는 제2차 세계대전과 별개로 전개된 군사 행동의 결과로 현재의 경계선이 정해졌다는 사실이 눈에 띈다. 하지만 다케시마에도 적용할 원칙은 동일하며, 전후 일본의 패전 처리 원칙에 비춰 일본 영토 주장의 정당성을 판단해야 한다. 다케시마가 공식적으로 일본 영토가 된 기원은 1905년 1월의 각의(閣議) 결정으로 거슬러 올라간다. 센카쿠가 일본 영토로 편입된 시기가 일청전쟁의 맥락에 닿아 있어서 센카쿠 열도의 귀속 문제가 복잡해진 것과 마찬가지로 다케시마 문제의 어려움도 바로 편입 시기에서 비롯한다. 이와 관련해서 도요시타 나라히코는 다음과 같이 정리했다.

고작 5개월 전 1904년 8월 22일에 제1차 일한협약이 체결됐기 때문이다. 이 협약에 따르면, 한국은 일본 정부가 추천한 외국인 1명을 외교 고문으로 고용하여 그의 의견에 따라야 하고, 외교 안건은 일본 정부와 협의 후 결정하고 처리해야 한다고 규정돼 있다. 실질적으로 한국을 보호국으로 만들기 위한 첫걸음이었다. 당시 조선반도에서 벌인 일러전쟁이 끝나고 한국은 사실상 일본 점령하에 들어갔다. 게다가 일본의 각의 결정이 있고 10개월 뒤 1905년 11월 17일 한국의 외교권을 박탈하는 제2차 일한협약이 맺어짐으로써 한국은 명실 공히 일본의 보호국이 된다.[98]

---

98) 도요시타 나라히코, 《'센카쿠 문제'란 무엇인가》, 124쪽.

그 연장선상에서 1910년 '한국 병합'이 이뤄져 조선반도는 일본의 식민지가 됐다. 다케시마는 일러전쟁 중 일본령이 됐는데, 이 전쟁에서 러시아와 일본은 각기 조선반도와 만주를 자기 세력권으로 삼으려고 다퉜다. 그러니까 제1차 일한협약 체결은 한국병합을 위한 제1단계 작업이었던 것이다. 더욱이 이런 밑그림으로 다케시마를 일본령으로 편입시켰다면, 다케시마는 카이로 선언에서 말하는 '무력 및 탐욕으로 약탈한' 영토에 해당하므로 전후 일본이 정당하게 영유권을 주장할 수 있는 대상이 아니었다.

하지만 다케시마 편입은 센카쿠 열도 문제와 달리 일본이 한국을 보호국으로 만든 상황을 '배경'으로 이뤄졌다고 단언하기가 미묘해서 문제가 까다롭다. 이와 관련하여 양국 정부는 1905년 이전 역사서 등에 기술된 내용을 끌어들여 각기 내세우는 주장의 근거를 찾고 있으며, 멀게는 신라나 백제처럼 6세기 때 일까지도 언급하고 있다. 그야말로 '쓸모없는 열광' 자체로 상황이 우스꽝스러워졌다. 근대 주권국가 성립 이전의 국경선은 지금보다 훨씬 모호했고, 사람들의 국가에 대한 귀속의식이나 국민적 자각도 현재와는 크게 달랐기 때문이다. 하물며 항해술과 어업 기술이 오늘날보다 현저하게 부족한 상황이었는데 작은 무인도의 국가적 귀속은 누구의 관심도 끌지 못했다. 이런 시대의 문서 기록을 '역사상 면면히 이어온 영유의 증거'로 내세우는 것은 현재의 시각을 과거에 투사하는 도착(倒錯)에 지나지 않는다. 박유하(朴裕河) 교수는 "현재의 영토관은 국가 공동체 개념이 생겨나고 그들이 살아가는 장소로서 특정 영역을 획정한 근대 국민국가 이후에 만들어진 것에 지나지 않는다."[99]라고 말했다.

99) 박유하,《화해를 위하여─교과서·위안부·야스쿠니·독도(和解のために─教科書·慰安婦·靖国·独島)》, 사토 히사시(佐藤久) 역, 平凡社, 2006년, 186쪽. (이 책은 2015년 같은 제목으로 국내 뿌리와

일본 정부의 대응과 관련해서 다케시마 문제는 센카쿠 열도나 북방 영토와 달리 국제사법재판소 제소를 적극적으로 타진하고 있다는 점이 다르다. 기본적으로 국제사법재판소 제소는 분쟁 당사자 양국이 동의해야만 이뤄질 수 있는데, 한국 측에서 이를 거부하고 있다. 이런 상황은 일견 일본 측의 '공정한' 태도와 한국 측의 '불성실한' 태도를 의미하는 듯한 인상을 준다. 그러나 다케시마 문제에서는 국제사법재판소의 권위를 인정하면서 다른 영토 문제에서는 이를 언급조차 하지 않는 일본의 이중 잣대는 비판받을 수밖에 없다. 아래는 전직 외교관 아사이 모토후미(浅井基文)의 서술이다.

일본이 진심으로 다케시마 문제를 ICJ[100]에 맡겨 해결하려고 한다면 센카쿠 열도 및 북방 영토 네 개의 섬도 ICJ에 제소할 준비가 됐다고 미리 공표해야 한다(물론 어떤 나라를 상대로 한 ICJ 소송이든, 어떤 판결이든 깨끗이 승복할 각오가 돼 있어야 한다). 센카쿠 열도에 '영토 문제는 없다'고 우기면서 한국에만 ICJ 제소를 제안한다면 '꿍꿍이수작'으로 일축당할 뿐이다(실제로 그렇게 됐다). 상대에 따라 수단을 달리하는 근시안적이고 임기응변이 습관이 된 일본의 외교 방식은 국제적으로 통용될 수 없음을, 이제는 정부와 국민이 모두 알아야 한다.[101]

이파리 출판사에서 출간됐다. 옮긴이)

100) International Court of Justice: 국제사법재판소

101) 아사이 모토후미, 〈영토문제를 생각하는 관점(領土問題を考える視点)〉 http://www.ne.jp/asahi/nd4m-asi/jiwen/thoughts/2012/471.html(2012년 12월 31일 열람)

이런 정론(正論)이 실행에 옮겨지지 않는 이유는 명백하다. 지금까지 살펴본 바로 알 수 있듯이 센카쿠 열도는 일본 측이 실효 지배를 유지하고 있는 이상, '영토 문제는 없다(따라서 국제사법재판소에 회부할 이유가 없다)'는 입장을 고수하는 편이 유리하기 때문이다. 제소했을 때 판결의 결과를 예상하기 어렵다. 그리고 북방 영토 구나시리 섬과 에토로후 섬을 반환하라는 일본의 요구에는 확실히 무리한 구석이 있다. 이에 비해 다케시마 문제는 이승만 라인이 일방적으로 선포된 역사적 경위를 따져볼 때 유리한 판결을 기대할 수 있을지도 모른다. 하지만 세 가지 영토 문제 중에서 다케시마의 경우에는 일본 측 주장의 우위성이 예상된다고 해서 이 문제만을 국제사법재판소에 제소하는 태도가 국제사회에서 폭넓은 지지를 얻을 리 없다.

그런데도 여전히 일본의 지배 권력은 이중 기준을 해소하려는 움직임을 보이지 않는다. 이중 잣대가 사라지는 순간 '일본 고유 영토' 개념은 반드시 붕괴되기 때문이다. 또한, 정부와 국민은 포츠담 선언과 샌프란시스코 강화조약의 내용과 마주칠 수밖에 없는데, 그렇게 되면 다시금 패전 사실을 받아들여야 한다. 이런 식이다 보니 일본은 영토 문제를 '해결 아닌 해결'로 남겨놓는 것도 실패하고(센카쿠 열도 문제) 제3자 조정 해결(국제사법재판소에 제소)로 나아가는 것도 불가능했다. 이것은 무엇을 의미할까? 그들에게 남겨진 '해결' 방법은 말할 것도 없이 최종심급, 즉 전쟁밖에 없다.

제2절

—

북한 문제에서 보는 영속패전

　다음으로 살펴보고자 하는 것은 이른바 '북한 문제'다. 잘 알려졌듯이 북한(조선민주주의인민공화국) 문제에는 핵개발과 미사일, 그리고 일본인 납치 등 큰 문제가 산적해 있다. 특히 납치 문제는 일본 사회에서 여론에 분노를 불러일으키고 있으며, 일본과 북한 간 국교 정상화 교섭이 제대로 진척되지 못하는 가장 큰 원인이 되고 있다. 동시에 이것은 21세기 일본 내셔널리즘의 발화 지점이기도 하다. 북한이 자인했던 일본인 납치가 도의상 비난받아 마땅한 행위였다는 데에는 의문의 여지가 없다. 2002년 당시 총리 고이즈미가 북한을 전격 방문한 지도 이미 15년의 세월이 흘렀다. 그러나 방문 당시 양국이 국교 정상화를 향해 나아가기로 선언했지만,[102] 양국에서 실천의 기미는 전혀 찾아볼 수 없다. 또한, 납치 사건도 확실하게 해결될 가망 없이 교착 상태에 있다(물론 이 문제의 성격상 '깔끔한 해결'은 애초에 어려웠다). 북한은 극단의 군국주의를 국시로 삼는 전제(專制)국가

----

102) 북일 평양 선언을 말한다. 옮긴이.

로 국제적 상식과 동떨어진 행동 원리를 따르고 있는데, 북한 문제 해결(또는 폭발의 저지)을 위한 국제질서에서 일본의 입김은 약화 일로에 있는 듯하다.

최근 10년간 납치 문제 해결을 위해 일본이 동원한 수단은 주로 경제제재였는데, 지금까지 이 방법으로 얻은 소득은 보잘것없다. 그런데도 아베 총리는 '압력'의 수위를 높이며 '내가 최고 책임자로 있는 동안 해결한다'는 의지를 다지고 있다.[103] 그러나 '압력'이 소기의 성과를 거두리라는 전망은 불투명해 보인다.

그리고 북일 국교 정상화 교섭이 좌절된 것보다 이상한 점은 북한 문제에서 일본에 가장 중요한 과제가 북한의 핵무기와 미사일 문제라기보다 납치 문제인 것처럼 조성된 분위기다. 납치 피해는 분명히 중대한 문제이며 피해 당사자의 고통은 헤아리기 어렵다. 북한은 똑같은 범죄 행위를 십여 개국에서 저지른 것으로 알려져 있으며, 특히 납치된 한국인이나 중국인의 수는 각각 세 자리 수에 달한다고 한다. 하지만 한국이나 중국은 납치 문제를 공식적으로 거론하지 않는다. 그들에게도 납치는 용납할 수 없는

103) "제2차 아베 정권이 발족하자마자 빠르게 북한에 강경한 자세를 보이는 '아베 컬러'를 명확히 하고 있다. 납치 피해자 가족 모임에서 아베 신조 총리는 '압력'이라는 단어를 사용하면서 '반드시 아베 정권에서 해결한다'는 결의를 보였다. 또한, 시모무라 하쿠분(下村博文) 문부과학상은 납치 사건 해결에 진전이 없다는 것을 이유로 조선인 학교의 고등학교 과정 수업료를 무상화하지 않겠다는 방침을 분명히 했다. 어느 쪽이든 민주당의 태도와 다른 것이 분명해 납치 피해자 가족들은 조기 해결을 위한 기대를 높이고 있다. 북한에 의한 납치 피해자 가족에 대해 아베 신조 총리는 취임 후 불과 이틀 만에 '내가 최고책임자로 있는 동안에 해결하겠다'며 강한 의욕을 드러냈다. 진정 없이 끝나가는 올해 말 가족의 마음에 한 줄기 빛이 들었다. "얼마나 괴로우실지 늘 생각하고 있습니다."라며 아베 신조는 피해자 가족들의 심정을 헤아렸다. 2002년 10월 15일, 다섯 명의 피해자가 귀국했으나 그 후로 귀국에 성공한 사람은 없었다. 10년에 걸쳐 결과가 나오지 못한 것에 아베 총리는 '송구스럽다'며 사죄했다. 가족과의 면회에서 아베 총리는 북한에게 가할 '압력'의 필요성을 강조했다. 연기된 북일 정부 간 협의가 언제 재개될지 알 수 없지만 '압력으로 대응해야 북한은 일본에게 약점이 잡혀 결국은 달래질 것'이라고 설명했다고 한다." 《산케이신문(産経新聞)》, 2012년 12월 29일)

소행이지만 핵무기와 미사일 문제를 더 심각하게 받아들이는 것이다. 한마디로 그들은 납치 문제를 우선시하지 않는다. 정치 논리(는 어떤 의미에서 냉혹하고 무참해서 한 사람 한 사람 개인을 구제할 때 가끔 무력하다)로 따져볼 때 납치 문제가 아무리 견디기 어렵다고 해도 핵무장과 대륙간 탄도미사일의 중대성과 비교하면 부차적인 사안으로 자리 잡고 있기 때문이다.

결국, 여기서 검토해야 할 것은 왜 일본 정치는 국제적 기준에서 벗어난 우선순위를 설정했느냐는 문제다. 이 문제를 깊이 파고들면 우리는 또다시 같은 문제, 즉 '패전의 부인', '영속패전'을 만난다.

'평양 선언의 원점'이란 무엇인가

먼저 현재 상황을 확인하도록 하자. 여러 해에 걸친 북한과 일본의 교섭에서 일본 측은 공식적인 국교 정상화 협상 테이블에 앉기 전 '납치 문제 해결'을 제기했다. 북한 측은 '납치 문제는 이미 해결됐다'는 견해를 내놓았고, 협상은 언제나 결렬된 채 끝났다. 참으로 결실 없는 교섭 아닌 교섭이 되풀이되고 있다. 예를 들어 2012년 9월에는 다음과 같은 보도가 있었다.

북한을 처음으로 방문했던 고이즈미 준이치로 총리와 김정일 총서기가 북일 평양 선언을 발표한 지 10년이 되는 17일, 북한의 조선중앙통신이 논평을 냈다. 일본인 납치 문제는 이미 해결됐다는 견해를 다시금 밝히면서 '양국을 가깝고도 가까운 나라로 만드는 것이 김정일 총서기의 유훈'이라며 관계 개선의 의욕을 보였다.

논평은 납치 문제와 관련해서는 '이미 모두 해결됐다'는 식으로 표현하고, 일본 측에 '핵·미사일·납치 문제에 계속 집착한다면 관계 개선은 없다'고 주장했다. 이어서 국교 정상화를 향한 협의와 핵·미사일을 포함하는 안전보장 문제 해결을 내건 '북일 평양 선언'에 관해서는 "최후까지 이행하려는 (북한) 정부의 입장은 오늘도 내일도 변함없다."라고 표명하고 "관계 정상화를 향해 나아갈지 여부는 일본의 태도에 달렸다."고 덧붙였다.

북일 양 정부는 8월 말, 베이징에서 외무성 과장급 예비 협의를 갖고 '납치 문제가 의제에 포함돼야 한다'고 주장하는 일본에 북한은 조선중앙통신을 통해 '사실과 다르다'며 부정했고, 국장급 본 협의는 아직 열리지 않고 있다.[104] (후략)

하지만 그 후 북한 태도에 변화의 조짐이 보인다는 보도도 있다. 최근에는 다음과 같은 보도가 나오고 있다.

노다 정권 시기인 11월에 열린 일본과 북한 정부 간 국장급 협의에서 북한이 주장해온 '납치 문제는 이미 해결됐다'는 종래의 입장을 변경할 수도 있다고 말한 것이 밝혀졌다. 북한은 입장 변경의 조건으로 어떻게 해야 일본이 납치 문제를 '최종적으로 해결됐다'고 인정할지 기준을 제시하라고 요구했다. 북한의 장거리 탄도미사일 발사 등으로 정부 간 협

---

104) 《디지털판 아사히신문(朝日新聞(デジタル版))》, 2012년 9월 17일.

의는 중단된 상태지만, 북한은 조기에 협의를 재개할 것이 예상되므로 납치 문제와 관련해서 움직임을 보여줄 가능성이 있다. (중략)

국장급 협의는 11월 15일부터 이틀간 몽골 수도 울란바토르에서 열렸으며 일본에서는 스기야마 신스케(杉山晋輔) 외무성 아시아 대양 국장이, 북한에서는 송일호(宋日昊) 북일 국교 정상화 교섭 담당 대사 등이 출석했다.

관계자에 따르면 송 대사는 협의의 첫머리에서 '어떻게든 평양 선언의 원점으로 되돌아가고 싶다'고 강조한 뒤에 2002년 북일 평양 선언은 '북한이 피해자고 일본이 가해자인 과거의 전쟁 관계를 청산하고 나서 국교를 정상화하자는 것'이라며 독자적인 주장을 펼쳤다.

더욱이 납치 문제에서 피해자와 가해자가 '뒤바뀌었다'며 양국 관계를 처음으로 되돌리기 위해 '납치 문제는 북일 쌍방이 서로 의견을 나누는 실질적인 협의를 하자'는 등의 제안을 했다고 한다.

한편 송 대사는 북한이 납치를 인정하고 사죄한 2002년 이후, 납치 피해자 5명을 귀국시키고 그 밖의 납치 피해자를 재조사했지만 일본 정부는 이를 평가하기는커녕 오히려 제재를 강화했다고 비난했다. 그리고 앞으로 사태가 이런 식으로 전개되지 않도록 납치 문제의 교섭 출구를 설정하자고 일본 측에 요구했다고 한다.[105] (후략)

시간을 거슬러 올라가보면 2008년 6월 북한은 '납치 문제는 이미 해

---

105) 《마이니치신문》, 2012년 12월 31일.

결됐다'는 북일 평양 선언 이후의 견해를 뒤집고, 일단 재조사하겠다는 뜻을 내비치고 있다. 그러나 그 후 재조사는 구체적인 진전 없이 현재에 이르고 있다. 이상에서 북한은 '납치 문제는 이미 해결됐다'는 주장을 계속할지 망설이고 있다는 사실을 알 수 있다. 실제로 일본으로서는 납치 문제가 이미 해결됐다고 전혀 생각할 수 없는 이유가 있다. 일본 정부가 공식 인정한 납치 피해자는 모두 17명(그 밖에 북한이 납치했다고 의심되는 실종자는 수백 명에 이른다)인데, 북한은 13명이라며 그중에서 귀국한 사람은 5명이고, 남은 8명은 사망했다는 주장을 펼치고 있다. 또한, 사망했다고 알려진 8명의 사망증명서 위조 사실을 2004년 북한은 인정할 수밖에 없게 됐고, 게다가 납치 피해자 요코타 메구미[106]의 유골 감정으로 갈등이 불거지자 북한을 향한 일본의 불신은 극에 달했다. 이런 불신이 해소되지 않는 한 국교 정상화는 불가능하다는 여론이 조성됐고, 외무성도 다음과 같은 방침을 발표하기에 이르렀다.

1970년경부터 80년 무렵까지 북한이 일본인을 납치하는 사건이 많이 발생했습니다. 현재 정부는 17명을 납치 피해자로 인정하고 있습니다. 2002년 9월 북한은 일본인 납치를 인정하고 사과와 함께 재발 방지를

---

106) 横田めぐみ(1964년~?): 1977년 11월 15일 13세 때 일본 니가타 현 니가타 시에서 조선민주주의인민공화국에 납치된 일본 여성이다. 김정일 조선민주주의인민공화국 국방위원장은 2002년 북일정상회담에서 그녀의 납치 사실을 시인했다. 조선민주주의인민공화국은 그녀가 1986년 8월에 김철준과 결혼해 1987년 9월에 딸 김은경(또는 김혜경)을 낳았으며, 이후 심각한 산후 우울증을 겪다가 1993년부터 별거에 들어가면서 두 차례에 걸쳐 병원에 입원했고, 1994년 4월 13일에 자살했다고 발표했다. 2004년 조선민주주의인민공화국은 요코타의 유골을 일본에 넘겨주었으나, 일본 측은 DNA 감정 결과 다른 사람의 유골이라고 주장했다. 이후 일본 외무성은 김은경의 DNA를 입수해 조사하고, 결국 유골은 요코타 메구미의 것이 아니라는 사실이 밝혀졌다. 옮긴이.

약속했습니다. 그리고 같은 해 10월 피해자 5명이 귀국했습니다. 2004년 5월, 북일 수뇌회담에서 북한 측은 남아 있는 다른 피해자들의 진상 규명을 위해 철저한 조사를 즉각 재개하겠다는 의사를 분명히 밝혔지만 아직 납득할 만한 설명을 듣지 못했습니다. 납치 문제와 관련된 북한의 주장에는 문제점이 많아서 일본 정부는 이런 주장을 받아들일 수 없습니다.

납치 문제는 우리나라의 국가 주권 및 국민의 생명과 안전에 관한 중대한 사안이어서 이를 해결하지 않고서는 일본과 북한의 국교 정상화를 이룰 수 없습니다. 일본 정부는 모든 납치 피해자가 하루빨리 귀국할 수 있게 최선을 다해 노력하고 있습니다.[107]

"납치 문제 해결 없이 북일 국교 정상화는 있을 수 없다." 이것이 일본 정부 입장이다. 이를 모를 리 없는 북한은 왜 '납치 문제는 이미 다 해결됐다'는 주장을 되풀이할까? 흥미로운 점은 납치 문제에 관한 북한의 주장이 여러 차례 흔들렸지만, 북일 평양 선언에서 북한이 보여준 태도에는 전혀 흔들림이 없었다는 사실이다. 앞서 인용한 보도에서 "국교 정상화를 향한 협의와 핵·미사일을 포함하는 안전보장 문제 해결을 내건 북일 평양 선언에 관해서는 '최후까지 이행하려는 (북한) 정부의 입장은 오늘도 내일도 변함없다'고 표명"하고 있으며(2012년 9월) 또한 "송 대사는 협의의 첫머리에서 '어떻게든 평양 선언의 원점으로 되돌아가고 싶다'고 강조"(2012

---

107) 외무성 〈북한에 의한 일본인 납치 문제(北朝鮮による日本人拉致問題)〉 http://www.mofa.go.jp/mofaj/area/n_korea/abd/rachi.html(2012년 12월 31일 열람)

년 12월)했다.

　요컨대, 북한은 평양 선언을 대단히 중요하게 여기고 있다. 한편에서 그 이유가 보인다. 평양 선언은 국교 정상화와 함께 경제 원조도 규정하고 있기 때문인데, 결국 문제는 돈이다. 그렇다면 평양 선언에서 납치 문제는 어떻게 다뤄졌을까? 왜 북한은 '납치 문제는 이미 해결됐다'는 주장을 반복하는 것일까? 이 점을 평양 선언의 조문을 통해 살펴볼 필요가 있다. 북일 평양 선언에서 납치와 국교 정상화, 그리고 경제 원조에 관한 항목은 다음 두 가지다.

　2. 일본 측은 과거 식민지 지배로 북한 사람들에게 막대한 손해와 고통을 주었다는 역사적 사실을 겸허하게 받아들이고 통절한 반성과 마음에서 우러나온 깊은 사죄의 뜻을 밝혔다.

일본 측은 조선민주주의인민공화국과 국교 정상화 이후 쌍방이 적절하다고 생각하는 기간에 무상 자금 협력, 저금리 장기 차관 공여 및 국제기관을 통한 인도주의적인 지원 등 경제 협력을 하기로 했다. 또한, 민간 경제활동을 지원하는 차원에서 국제협력은행 등을 통한 융자, 신용 공여 등의 실시가 이 선언의 정신에 합치한다는 기본 인식 아래 국교 정상화 교섭에서 경제 협력의 구체적인 규모와 내용을 성실하게 협의하기로 했다.

쌍방은 국교 정상화를 실현하고자 1945년 8월 15일 이전에 발생한 사유에 기초한 양국 및 그 국민의 모든 재산과 청구권을 상호 포기한다는 기본 원칙에 따라 국교 정상화 교섭에서 이를 구체적으로 협의하기로 했다.

쌍방은 재일 조선인의 지위 문제 및 문화재 문제를 국교 정상화 교섭에서 성실히 협의하기로 했다.

3. 쌍방은 국제법을 준수하고 서로의 안전을 위협하는 행동을 하지 않기로 확인했다. 또 일본 국민의 생명과 안전에 관계된 현안 문제를 놓고 조선민주주의인민공화국 측은 북일이 비정상적 관계를 유지하고 있는 동안 발생했던 유감스러운 문제가 차후 다시 일어나지 않도록 적절한 조치를 취하기로 했다.

제2조에서 알 수 있듯이 일본이 국교 정상화 후에 실행한다고 약속한 경제 원조는 사실상 과거 식민 지배에 대한 배상이다. 이는 경제 원조를 언급하기 전에 '통절한 반성과 마음에서 우러나온 깊은 사죄'를 먼저 기술했다는 점에서 명백하다. 덧붙이자면 평양 선언의 '통절한 반성과 마음에서 우러나온 깊은 사죄'라는 문구는 북한 외교의 성과였다. 1965년 일한 국교 정상화 당시 한국은 일본 정부에서 이런 사죄의 표현을 끌어내지 못했다.

하지만 이 성과에는 북한 측의 양보도 포함돼 있다. 다시 말해 경제 원조를 받는다는 것은 공식적인 배상금을 받지 않겠다는 뜻이다. 북한 문제 전문가인 마이니치 신문 편집위원 스즈키 다쿠마(鈴木琢磨)는 "평양 선언 이전 북한의 방침으로 볼 때 '180도 전환'이란 결국 '경제 협력 스타일은 일한 국교 정상화 방식이 좋다'는 말과 같다."라고 논평했다. "쌍방은 국교 정상화 실현을 위해 1945년 8월 15일 이전에 발생한 사유에 기초한 양국 및 그 국민의 모든 재산과 청구권을 상호 포기하는 기본 원칙에 따라 국교 정상화 교섭에서 이를 구체적으로 협의하기로 했다."라는 구절은 쉽게 말해 일본이 저지른 식민지 지배의 역사를 과거사로 간주해서 탓하지 않겠다는 말과 다름없다. 말하자면 북한은 일본의 체면을 세워주고(정식 배상을 요구하지 않고) 실리를 취한다(경제 원조)는 뜻이다.

제3조는 사실상 납치 문제를 언급한 항목이다. 북한은 납치 문제를 '유감스러운 문제'라고 부름으로써 실제로 사죄의 뜻을 표명한 셈이다.

이상과 같이 이뤄진 평양 선언의 논리 구성은 어떤 것일까? 북한 입장에서 볼 때 다음처럼 생각할 수 있지 않을까? 즉 각각에게 불편한 과거사(일본에는 식민지 지배, 북한에는 납치 사건)를 서로 인정하고 사죄하며 청산한다. 그런 다음, 이를 바탕으로 국교 수립을 향해 나아가자는 것이다.

물론 양국의 해석에는 차이가 있다. 즉 일본 측에서 보자면 평양 선언 당시까지 한 사람의 피해자도 귀국하지 못했으니 납치 문제 해결 과정에서 북한의 인정과 사죄는 출발점일 뿐이었다. 이와 달리 북한은 평양 선언으로 납치 문제를 원칙적으로 해결된 것(생존자의 귀국 등은 기술적으로 처리할 잔무일 뿐)으로 간주한 측면이 있다. 다음과 같은 증언이 이를 방증한다. 2004년 요코타 메구미의 유골(이라고 북한이 밝힌 것의) DNA 감식 결과 일본 정부는 "당사자의 것이 아니다."라는 결론을 내렸는데, 이때 김정일은 "고이즈미는 사내가 아니다."라고 응수했다고 한다.[108] 단편적인 정보에 따른 추측이기는 하지만, 이 발언에서 우리는 북한의 논리를 엿볼 수 있다. 즉 그들에게 북일 평양 선언의 본질은 양국의 입장에서 불편한 과거를 각각 인정하고 청산하는 데 있었으며, 고이즈미 총리가 서명하고 동의한 이상, 이미 청산한 문제를 가타부타를 따진다면 '사내답지 않다'는 것이다. 따라서 '평양 선언의 원점으로 돌아간다'는 북한 측 주장은 쌍방이 과

---

108) 같은 책, 21쪽.

거를 청산했다는 사실을 인정하라는 뜻이다.

물론 이런 논리가 일본 입장에서 받아들여질 리 없다. 그런데 문제는 북일 평양 선언의 서명 과정에서 북한의 '논리'가 전개될 여지를 일본 측이 제공했느냐다. 이와 관련하여 《산케이신문》은 특집 기사 〈다시 납치를 묻는다〉를 연재하며 다시금 이 문제를 검증했다. 이 기사를 통해 북일 평양 선언 당시 외무성이 '납치 문제 해결 없이 국교 정상화는 없다'는 입장을 반드시 고수했던 것은 아니라는 사실이 드러났다.

2002년 9월 고이즈미 준이치로 총리의 북한 방문은 김정일 총서기가 납치를 인정하고 납치 피해자 5명이 귀국하는 큰 외교적 성과를 낳았다.

정치는 결과가 말해주기에 그 성과는 높이 평가받아야 한다. 단, 북일 교섭을 주도한 고이즈미를 비롯한 멤버들이 국교 정상화에 최선을 다했는지, 납치 문제의 중요성을 어디까지 인식하고 있었는지를 물었을 때 의문이 남는다.

고이즈미가 방북하기 전이었던 9월 12일, 기자회견에서 사무 최고책임자 후루카와 데이지로(古川貞二郎) 관방 부(副)장관은 "(중요한 것은) 납치 문제에서 몇 사람이 돌아오거나 못 돌아왔느냐가 아니다. 그런 일이 있다면 다행이지만 무엇보다도 국교 정상화의 문을 여는 데 큰 의의가 있다."라고 말했다.

오랜 기간 납치 문제에 몰두해온 당시 아베 신조 관방 부장관이 방북 사실을 알게 된 시점은 보도발표 직전인 8월 30일이었다. 즉 정부 내에서 납치 문제를 중시했던 아베 신조는 북일 교섭 라인에서 완전히 배제됐던 것이다.

아베는 고이즈미와 함께 북한을 방문했지만, 물밑 교섭을 담당했던 외무성 다나카 히토시(田中均) 아세아대양주 국장에게서 '북일 평양 선언'을 확인한 것은 '비행기 안'에서였다고 한다. 아베는 평양 선언에 '납치'가 명시돼 있지 않은 것을 처음 알았고, '이상하다'며 이의를 제기했지만 이미 어쩔 수 없었다.

"고이즈미는 납치의 '납' 자도 모른다."

방북 직전 고이즈미와 납치 문제에 관해 이야기를 나눈 정부 고위 관계자는 이렇게 증언했다. 그러나 납치 문제에 관심이 적었던 사람은 고이즈미만이 아니었다.

"겨우 열 명 때문에 북일 정상화가 멈춰서야 되겠는가!"

이는 1999년 12월 아세아 국장에 내정된 마키타 구니히코(槇田邦彦)가 자민당 회합에서 했던 말이다. (중략)

고이즈미 주변은 애초부터 2002년 내에 북일 국교 정상화를 실현한다는 생각에 깊이 빠져 있었기에 북일 교섭의 전망과 납치 문제로 국민이 큰 충격을 받을지는 이해하지 못했다. 실제로 '5인 생존, 8인 사망'이라는 북한 측 통고는 국민 여론을 들끓게 해서 북일 국교 정상화가 들어설 여지가 사라져버렸다.[109] (후략)

고이즈미 총리가 지금까지 납치 문제에 무관심했다는 주장은 의문스럽다. 그러나 평양 선언 이후 일본 정부의 우선순위가 최소한 '북일 국교 정상화에서 납치 문제'로 바뀐 것은 분명하다. 다시 말해 북일 평양 선언

---

109) 《산케이신문》, 2012년 9월 20일.

준비 단계에서는 일본의 우선순위가 국교 정상화에 있었고, 아울러 고이즈미 정권(및 스캔들[110]에 휘말렸던 외무성)의 외교적 업적을 향한 열망이 있었다고도 추측할 수 있다. 북한 입장에서 볼 때 납치 피해자의 존재가 대일 외교 카드라는 점은 확실하지만, 고이즈미 총리에게도 납치 문제는 본질적인 관심사라기보다 정권의 인기몰이를 위한 국내 정치 카드로 이용될 수 있었다. 두 번째 방북 후 납치 문제로 사태가 더욱 복잡해지자 고이즈미는 국교 정상화 노선을 철저히 따르지 않고 '납치 문제는 아베에게 일임'했다는 사실[111]이 이를 방증한다.

앞서 기사에서 볼 수 있었듯이 '5인 생존, 8인 사망'이라는 북한 측의 통고'가 일본 사회에 몰고 온 충격으로 평양 선언 후 일본 정부는 우선순위를 바꿨다. 따라서 '평양 선언의 원점으로 돌아가라'는 북한 측 주장은 선언 당시 자세로 돌아가 우선순위를 원점으로 돌리라는 요구이기도 하다. 그리고 이 주장이 아무리 불쾌하더라도 근거가 전혀 없다고는 말할 수 없다. 그런 까닭에 "북한 측은 '북일 평양 선언'이 유효한 이상 '밀약'도 살아 있다는 인식에 따라 고이즈미 정권 이후 북일 접촉에서도 (약속 파기) 사죄와 경제 지원 부활을 수차례 요구했다고 한다."[112] 기사에서 '밀약'의 내용을 명확하게 다루지는 않았지만 북일 평양 선언을 계기로 납치 문제는 이미 해결된 것으로 간주한다는 내용에 가까우리라고 추측할 수 있다.

이상과 같이 일본 정부의 우선순위 변경은 대단히 중대한 일이었지만, 외무성을 비롯한 당국은 태도 변경 사실을 설명하지는 않는다. 더욱이 이

---

110) 마키타 구니히코 북한 스파이 혐의가 있었던 사건. 옮긴이.
111)《산케이신문》, 2012년 10월 16일.
112)《산케이신문》, 2012년 9월 18일.

런 중대한 태도 변화에도 외무성이 '북일 평양 선언을 파기 한다'는 공식적 통고가 없다면 이치에 맞지 않는다.[113] 왜 그렇게 '이치에 맞는' 일이 불가능했을까? 물론 북한과 대화한다는 전제를 완전히 버릴 때 발생할 수 있는 악영향을 고려한 부분이 있다. 하지만 평양 선언을 그토록 중시한다면 납치 문제의 우선순위는 조절이 필요하다. 납치 문제를 최우선하는 동시에 평양 선언도 바꿀 수 없는 전제로 유지하는, 궁극적으로는 수미일관하지 않는 태도에서 우리는 다시 '패전의 부인'을 발견하게 된다.

앞서 살펴본 평양 선언 제2조에 언급돼 있듯이 북일 국교 정상화 교섭은 핵무기와 미사일, 그리고 납치 문제를 풀어가는 일이다. 동시에 일본의 한반도 식민지 지배 후, 다시 말해 일본의 패전 후 문제를 처리하는 장이기도 했다. 북한은 일본의 사죄와 반성을 받아들여 실질적인 배상을 받되 공식적인 배상 청구는 포기한다는 데 동의했다. 그런데 이런 동의는 사실상 납치 문제의 '청산'과 맞바꾼 일이기도 했다. 그렇다면 평양 선언의 파기는 일본의 전후 처리를 부정하는 논리가 된다. 다시 말해 과거 식민지 지배의 '청산'을 부정하는 셈이 된다는 것이다. 북한 문제에 대해 일본 사회가 인지할 수 없고, 정부는 깊게 파고들 수 없는 이유가 바로 여기에 있다.

---

113) 2012년 발행된 외무성 팸플릿 〈북한에 의한 일본인 납치 문제〉에는 다음과 같은 서술이 있으며, '북일 평양 선언'의 유효성을 인정하고 있다. '납치 문제는 우리나라의 주권 및 국민의 생명과 안전에 직결된 중대한 문제로 일본 정부로서는 북한 측이 납득할 수 있는 설명이나 증거를 제시하지 않는 이상, 현재 연락이 두절된 납치 피해자가 모두 살아 있다는 전제에서 북한 측에 생존자의 즉시 귀국과 이에 관한 진상 규명 등을 강하게 요구했다. 정부는 북일 평양 선언에 근거하여 모든 납치 피해자가 조속한 시일에 귀국하여 '불행한 과거'를 청산해서 국교 정상화를 실현하도록 전력을 기울이고 있다.' (강조는 인용자)

'전후'의 납치 문제

납치 문제와 북한 문제를 두고 다양한 의견이 표출됐다. 압박을 가해야 한다는 강경한 입장이 있는 반면, 평양 선언을 서명한 일이 애초에 잘못이라는 의견도 있다. 최근 들어 북일 평양 선언을 높이 평가하고 이 선언에 바탕을 두고 국교 정상화 노력을 우선적으로 추진해야 한다는 의견이 눈에 띄게 줄었다. 핵개발 진행과 미사일 기술 고도화, 그리고 연평도 포격 사건(2010년 11월)에서 볼 수 있듯이 한층 강경해진 북한 정부의 상태가 그 원인이다.

압력의 중요성을 강조한 강경파의 견해가 그런대로 정곡을 찌른 점이 우울한 현실로 다가 온다.[114] 북한의 태도가 더욱 강경해지면서 북일 국교 정상화는커녕 이런 나라와 정상적인 국교를 맺는 것 자체가 비정상인 상태에 이르렀다. 중국조차 공식 발표를 통해 북한을 거세게 비판하고 있다. 중국이 북한의 존속을 허용하는 이유는 오로지 지정학적(친미 국가 사이의 완충지대 필요성) 고려뿐인 듯하다. 강경파를 달래기 위해 '타협도 필요하다'거나 '압력 일변도로는 안 된다'고 말하는 것이 헛수고인 현실이 여기에 있다. 왜냐면 센카쿠 열도 문제와 달리 타협이 성과를 거둘 전망이 보이지 않기 때문이다. 더 구체적으로 말해서 국교 정상화를 우선하는 입장으로 돌아간다고 해서 그것이 납치 피해자 구제로 이어질지는 알 수 없다.

그렇다고 강경파의 방침으로 이런 사태를 타개할 전망이 있는 것도 아

---

114) '강경파' 한 단어로 표현한다고 해도 논조는 제각각이다. 물론 '무력을 사용해서 납치 피해자를 구출해야 한다'는 일부 주장은 고려할 가치가 없다. 이런 주장은 공상일 뿐이며, 납치 문제를 정치적으로 이용하는 것이 유일한 목적인 '보여주기식' 논의에 지나지 않는다.

니다. 지금 사태에는 어떤 돌파구도 보이지 않는다. 유의해야 할 점은 이런 상호 강경화 과정에서 '국가의 주체화'(국가 의사가 모든 개인 의사보다 앞서는 상태)를 당연한 것으로 받아들이는 일이다. 2004년 일시 귀국한 피해자 다섯 명의 영구 귀국이 결정되는 과정에서 다음과 같은 논리가 부각됐다.

> 정부 내에서는 북한과의 '약속'이니 다섯 명을 일단 북한으로 돌려보내야 한다는 의견도 있었지만, '피해자의 속내'는 이처럼 무모한 논리와 거리가 멀었다. 정부는 그날 다섯 명을 북한으로 돌려보내지 않고 영구 귀국시킨다는 방침을 발표했다. 그리고 피해자의 의사와 관계없이 어디까지나 일본 정부가 결정한 일이라고 강조했다.[115]
> 귀국한 다섯 명의 남편과 자식들은 북한에 '인질'로 남아 있다. 다섯 명은 그대로 일본에 머무르고 싶어도 본심을 말할 수 없는 딜레마에 빠져 있다. 그러나 동포의 보호를 최우선시해야 할 정부는 애초에 "본인의 의향을 존중한다."(고이즈미 총리)라고 말할 뿐 명확하게 국가 의사를 표명하려고 하지 않았다. '북한으로 돌아가고 싶지 않다'는 피해자들의 속내는 '가족회'와의 회합 등을 통해 전해졌다.
> 그 무렵 북한 핵개발 문제가 표면화했고, 정상화 교섭의 향방도 불투명해졌다. 이런 복잡한 상황에서 아베는 이런 결의를 다졌다. "다섯 명 본인들의 희망이 아니라 정부와 국가의 판단으로 이들을 일본에 머물도록 결단했다."[116]

---

115) 《산케이신문》, 2012년 10월 14일.
116) 《산케이신문》, 2012년 10월 16일.

물론 당시 정세가 예민했다는 사실은 의심할 여지가 없다. 귀국한 피해자의 의사 표명, 나아가 그 의사 자체가 심각한 압박을 받았다. 문제는 그런 동요를 계기로 국민의 개인 의사를 초월한 '국가의 의사'가 실제로 출현했다는 점이다. 국가의 상황이 극도로 복잡해서 개인이 자기 의사를 결정·표명할 수 없는 '예외 상태'(칼 슈미트)[117]가 현실로 나타났다. 주권자는 "예외 상태에서 결정하는 자"라고 정의한 슈미트의 말이 현 상황과 맞아떨어진 것이다.

어떤 측면에서 보자면 이제 '전후'는 종말을 고했다고 이해해야 한다. 왜냐면 '예외 상태'란 단적으로 말해 (적어도 잠재적인) 전쟁 상태를 의미하기 때문이다. '본인들의 희망이 아니라 정부·국가의 판단'이 우선하는 상태는 자유민주주의 체제에서 말하는 '평상시'가 아니다. 따라서 북한 문제는 일본 사회가 북일 간의 '전후'를 단번에 뛰어넘어 '전후 끝의 시작'으로 이행하게 하는 계기가 됐다.

생각건대, 북한 문제에 대한 일본의 반응, 북일 국교 정상화 시도는 전후 일본 외교에서도 매우 획기적인 일이었다. 어떤 의미에서 이런 시도는 일중 국교 정상화보다도 중대한 결단이었다. 일중 국교 정상화가 미국이 대만과 관계를 단절하고 중국과 국교를 맺으려는 닉슨 쇼크(1972)의 영향으로 미국을 따르는 것이었다면, 북일 교섭은 북한과 미국 간에 교류가 전혀 없는 상황에서 계획된 일이었기 때문이다(오히려 방북 후 고이즈미 총리는 부시 대통령에게 북미 대화를 권해 일본이 미국을 선도하려고 했던 측면마저

---

117) 칼 슈미트는 기존의 민주적 규칙이나 적정한 절차가 파괴된 상황을 '예외 상태'라고 불렀으며, '주권자'를 '예외 상태에서 결정을 내리는 자'로 정의했다. 칼 슈미트, 《정치신학(政治神学)》(다나카 히로시(田中浩)·하라다 다케오(原田武雄) 역, 未来社, 1971)을 참조했음. (이 책은 2010년 국내에 같은 제목으로 그린비 출판사에서 김항의 번역으로 출간됐다. 옮긴이)

있었다). 말하자면 일본이 전후 최초로 시도한 '자주 외교'였다. 이것이 일본 사회에서 내포한 의미를 후나바시 요이치[118]는 다음과 같이 서술했다.

사람들은 미국과 상의 없이 전격적으로 방북을 선언한 고이즈미의 퍼포먼스에 후련함마저 느꼈다. 이런 태도는 미국에 대한 자주 외교, 나아가 미국으로부터 독립을 시도한 리더십의 표상으로 여겨졌다.
일본 국민 대다수는 납치에 분노하면서도 왜 일관되게 북일 국교 정상화를 지지했을까? 어쩌면 답은 고이즈미의 대미 자주 외교 스타일에 있었던 것이 아닐까?[119]

이런 견해는 북한 문제를 계기로 드러난 일본인의 무의식 구조에 다가간 것이다. 이에 덧붙여 후나바시는 고이즈미 외교가 '일본이란 무엇인가', 다시 말해 정체성 문제에 불을 댕겼다고 말한다. 하지만 여기서 '정체성 문제'는 정확히 말해 '전후란 무엇인가'의 문제라고 할 수 있다. 왜냐면 고이즈미 정권의 대북 외교가 끝낸 것은, 지금까지 서술했듯이 바로 '전후'이기 때문이다. 그럼 그때 왜 납치 문제가 그토록 중요했던 것일까? 후나바시의 서술로 돌아가보자.

납치 문제는 찢기고 갈라진 동포의 분신을 하나로 모으는 '일본 회복' 정치의 상징이 됐다. 거기에는 '우리도 또한 피해자'라는 의식이 배어

---

118) 船橋洋一(1944~): 일본의 평론가·칼럼니스트. 옮긴이.
119) 후나바시 요이치,《더 페닌슐라 퀘스천(The Peninsula Question)—조선 핵 반도의 운명(ザ·ペニンシュラ·クエスチョン— 朝鮮核半島の運命)》, 朝日文庫, 2011, 상권 131쪽.

있다. 전후 일관되게 가해자로 불려온 국민에게 일종의 카타르시스 효과도 있었을 것이다.[120]

유의해야 할 점은 고이즈미 외교가 '영속패전' 체제를 유지한 채 '포스트 전후'로 나아갔다는 사실이다. 일본인에게 '전후'라는 역사의 터널은 스스로 피해자의 처지가 될 기회를 얻고서야 비로소 빠져나갈 수 있는 형태로 나타났던 것이다. 결국, 여기서도 '영속패전'의 바탕을 이루는 '패전의 부인' 구조를 확실히 볼 수 있다. '가해자로 불리는 것이 곧 패전'을 의미한다면, 납치 문제에서 비롯한 가해자에서 피해자로의 변신은 일본인에게 마음 놓고 패전을 부인하게 해줬다. 이것이 후나바시가 말하는 '카타르시스'의 정체다.

애초부터 '전후'란 결국 패전 후 일본이 패전 사실을 무의식 속에 은폐하고 전전의 권력 구조를 그대로 유지한 채 겉보기에는 이웃 나라들과 우호 관계를 유지하는 모양새를 갖춰 ―바꿔 말해 돈으로 사서― '평화와 번영'을 누려온 시대였다. 그런데 이런 상태를 받아들이지 않은 유일한 이웃 나라가 북한이다. 실제로 북한은 일본인을 거의 닥치는 대로 납치하는 방식으로 '전쟁'을 계속해왔다. 그 결과 그들은 '식민지 지배=사죄+경제 원조+납치 피해'라며 정식으로 등가 교환을 요구해왔다. 일한 간의 '식민지 지배=경제 원조(일한 기본조약)'나 일중 간의 '침략 행위=사죄+경제 원조(일중 공동성명)'와 전혀 다른 등식이었다.

일본 사회는 전후 처음으로 직면한 이 등식을 받아들이지 않았다. 등

---

120) 같은 책, 132쪽.

식을 따르면 가해자로서 져야 할 책임을 새롭게 인정하는 셈이 되기 때문이었다. 등식에 '납치 피해'를 포함할 경우 진정한 '평화'에는 아직 이르지 못했다는 것, 바꿔 말해 일본은 패전의 연속과 그 귀결을 새삼 인정하는 셈이다. 물론 북한이 택한 방식은 비열하다. 상대방의 패배가 확정된 전쟁을 계속하는 행위였기 때문이다. 이렇게 일방적인 전쟁을 멈추려면 일본은 한시라도 빨리 패전 사실을 직면해야 했다. 그러나 이는 '영속패전'의 구조, '패전의 부인'을 바탕으로 하는 체제에서는 어려운 일이었다.

가령 납치 사건 피해자가 아직 북한에 살아 있다면, 그들의 귀국을 실현하는 가장 유력한 방법은 일본이 약속한 경제 원조 규모를 물밑에서 확대해 나가는 것일지도 모른다. 이렇게 '비합리적' 수법은 요즘에야 나쁜 평판을 받지만, 이웃 국가들과 우호 관계를 유지하는 모양새를 돈으로 해결해온 전후 일본으로서는 사실 '손쉬운' 방법이었다. 다만 '돈으로 피해자의 입을 막는' 종래의 방식에서 벗어나 '돈으로 자신의 피해를 줄이는' 냉엄한 방식을 택한 셈이다.

그러나 앞서 보았듯이 일본은 '우선순위 변경'에 따라 '돈으로 해결하기'를 거절했고, 더욱이 북한의 정책이 핵과 미사일 문제를 포함해 강경 일변도로 기운 터라 '돈으로 해결하기' 정책을 지금 펼치기는 몹시 곤란해졌다. 북한 문제에서 전후 일본은 '합리성'을 내세워 ―앞서 지적했듯이 평양 선언을 공식적으로 파기하지 않으면 '합리적'이라고 할 수 없지만― 국가 차원에서는 처음으로 '돈으로 해결할 수 없는 문제'를 선택했고,[121] 이

---

121) '돈으로 해결할 수 없는 문제'의 대표적 예로 역사 인식 문제와 종군위안부(원문을 그대로 옮겼으나 '일본군 성노예'라는 표현이 옳다. 옮긴이) 문제가 있다. 일본에서는 이 문제들을 '돈으로 해결해야 하는 문제'(경제 원조로 매듭짓는 문제), 혹은 국가가 관여할 필요가 없는 문제로 여겨 기본적으로

런 의미에서 납치 문제는 '전후를 종식했다'고 말할 수 있다. 또한, 강경파 정치인이 대중의 인기를 얻는 이유도 여기서 찾을 수 있다. 대중에게 강경파의 자세는 '돈으로 해결하기'를 책동하는 정치인보다 '합리적이고 순수'하게 비치기 때문이다. 그러나 자신이 피해자일 때만 '합리적'이라고 생각하고, 가해자일 때는 '돈으로 해결'하려는 것은 이중 잣대를 적용하는 태도일 뿐이다.

우리는 역설을 품은 양가적 역사 시점에 있다. 납치 문제가 드러나 '전후'가 사실상 막을 내리고 있지만 다른 한편으로 '식민지 지배=사죄+경제 원조+납치 피해' 등식을 거절해서 '전후'를 유지하고 있다. 등식을 수용하면 패전에 따르는 피해국 보상은 온갖 수단을 동원해 최소화(대미 관계는 제외)한다는 '전후'의 국시가 흔들리기 때문이다. 보수 정치인 중에서도 전전의 연속성이 가장 농후한 —그래서 역설적으로 매우 '전후'적인— 정치인(아베 신조)이 주도하여 등식을 거절한 필연성이 바로 여기에 있다.

그리고 이 원고의 퇴고 직전 다음과 같은 뉴스를 접했다.

아베 신조 총리는 15일 자민당 본부에서 열린 헌법개정추진본부[본부장 호리고스케(保利耕輔)] 모임 강연에서 북한 납치 피해자 요코타 메구미 씨를 예로 들어 "이런 헌법이 아니었다면 요코타 메구미 씨를 지킬 수 있었을지도 모른다."라면서 개헌의 필요성을 호소했다. (중략)
한 참석자에 따르면 총리는 "일본은 납치범의 존재를 알면서도 손을 쓰지 못해 납치 피해를 키웠다."라면서 1977년 구서독 루프트한자 항공

처리해왔다. 그래서 납치 문제에 대한 일본 정부의 태도는 '주체적 선택'으로 간주할 만하다.

기 납치 사건을 언급하여 "서독은 납치범을 사살하여 인질을 구하고 전세계에서 갈채를 받았다. 서독에서는 몇 번씩이나 헌법을 개정했기에 가능한 일이었다."라고 강조했다.[122]

아베 총리의 발언은 부끄러울 정도로 논리도 없고 근거도 없다. 어째서 헌법 제9조가 없으면 납치 피해를 막을 수 있다고 말하는가? 당장 중국이나 한국의 경우를 보라. '평화헌법'이 없어도(한국은 전쟁 상태에 있으면서도) 그들은 납치를 막지 못했다. 따라서 자신의 발언에 근거가 없음을 스스로 의식하지 못했다면 아베는 지적으로 중대한 결함이 있다고 판단할 수밖에 없다. 이와 반대로 만약 알면서도 이런 발언을 했다면 총리가 평가받은 '납치 문제 해결 의지'의 본질은 피해자 구제가 아니라 납치 문제의 정치적 이용에 있다고 봐야 한다. 말할 것도 없이 이런 아베의 태도는 납치 피해자와 관련자에 대한 모욕이다. 그리고 '정치적으로 이용'하려는 의도는 평화헌법 개정으로 패전 트라우마를 해소하려는 데 있다. 바꿔 말해 '패전의 부인' 완수하기다. 이 시도가 실현될 때 '전후'는 '청산'되고 동시에 '완성'된다.

이처럼 아베 같은 정치인에게 북한의 납치 사건은 영속패전 체제를 유지하고 강화하려고 할 때 더없이 좋은 소재다. 이 사건은 충격이 강해서 '전후 끝의 시작'을 양가적 의미를 통해 알렸다. 다시 말해 우리가 서 있는 '양가적 역사 시점'이란 구체적으로 이렇게 파악할 수 있다. 즉 한편으로 잠재된 전쟁이 드러나 '전후'는 확실히 끝났다. 그런데 다른 한편으로 '전

---

122) 《디지털판 아사히신문》, 2013년 2월 15일.

후'를 사실상 끝내는 시점에서 '전후'의 본질이 계속되기를 강렬히 원하고 실현하려는 인물과 세력이 여전히 권력의 핵심을 차지하고 있다. 실질적으로 '전후'는 끝났지만, 더욱더 '전후'는 영속하려고 한다. 그러나 '전후의 종말'은 의심할 여지가 없이 이미 시작되고 있다. 이것은 멈출 수 없는 역사의 흐름이다. 그렇다면 문제는 우리가 주체적으로 '전후'를 종료할 것인지, 아니면 외부의 힘으로 '강제 종료'될 것인지 둘 중 하나다.

3장
전후의 국체, 영속패전

제1절

—

미국의 그림자

지금까지 몇 군데서 미국을 짧게 언급했다. 일미 관계야말로 영속패전 구조를 지탱하는 핵심 기둥이라는 점은 새삼 지적할 필요도 없다. 영속패전의 근본구조는 일본 사회가 패전의 의미를 비교적 신속히 망각할 수 있어 성립됐다. 또한, 전후처리, 점령개혁, 전범처벌, 일미 안보 체제 확립, 경제부흥 촉진 등 제2차 세계대전 이후 미국의 대일 정책과 직간접적으로 관련돼 있다. 그리고 영속패전 구조는 냉전 체제로 더욱 확고해졌다. 냉전 체제로 돌입한 국제질서에서 일본이 미국을 후견국으로 삼은 것은 당연한 선택이었다. 미국도 내심 불만이 있더라도 일본을 아시아의 가장 중요한 파트너로 삼을 수밖에 없었다. 냉전구조가 무너지고 나서 이런 필연성은 사라졌지만 아시아에서 미국의 정치·군사적 존재감이 줄어든 것은 아니었다. 그 결과, 제2장에서 논했듯이 일본과 아시아 여러 나라 사이의 문제에도 '미국의 태도'는 현실에서 강한 영향력을 발휘하고 있다. 덧붙인다면, 이렇게 전형적인 정치 차원 말고도 전후 일본에서 미국은 '특별한 타자'였다. 즉 '아메리카적인 것'이 홍수처럼 밀려와 국민 생활의 온갖 영역에 영향을 끼쳤는데, 그 영향이 너무 커서 우리가 지금까지 어떤 영향을 받아왔는지 거의 의식하지 못할 정도다.

이런 연유로 영속패전 문제를 다룰 때 일미 관계를 핵심적인 문제로 다루는 것이 불가피하지만 여기서 본격적으로 일미 관계론을 펼치기는 어렵다. 이 책의 의도는 단지 일미 관계를 정치 측면에서 관찰할 때 나타나는 문제의 소재를 명확히 파악하는 데 있다.

'반미인가 친미인가'의 함정

전후 일미 관계의 본질이 일본의 대미 종속—특히 군사적—에 있다는 사실은 자명하다. 하지만 문제는 일본에 대한 미국의 압력이나 제국주의 차원의 의도 같은 사안이 아니다. 미국이 자국의 이익을 최우선으로 추구하고 때로는 '제국주의'라고 부를 만한 짓을 하는 것은 분명한 사실이다. 이런 일은 국가가 고유의 성질로 품고 있는 악(惡)이 현상으로 드러난 것일 뿐, 이를 도덕적으로 비판한들 큰 의미는 없다. 다시 말해 반미 감정이 소박한 수준이라면 전혀 의의가 없다. 하나 마나 한 소리라고 해도 좋을 정도다. 그런데 오늘날까지 친미가 대세였던 일본 사회가 향후 서서히 반미 경향을 조성한다고 해도 정서적 범주에 머문다면 오히려 반미 감정은 일본 사회의 내재적 병소를 직시하지 않으려는 그럴싸한 구실이 된다.

예컨대, 오늘날까지 점령군의 대일 정책, 즉 전쟁 책임 추궁(도쿄재판),

전후 헌법의 제정, 천황제 존속, 토지개혁, 경제개혁, 민주화, '역코스'[123] 등 정책의 역사적 과정과 평가를 둘러싸고 수많은 말들을 쏟아내며 논쟁을 벌여왔는데 특히 도쿄재판, 평화헌법, 천황제의 경우 좌우 진영의 주장은 대략 다음과 같다. 즉, 우파는 도쿄재판이 '승자의 심판'이기에 부당하고, 평화헌법은 억압이며, 천황제 존속은 맥아더가 쇼와 천황의 '무사(無私) 정신'에 감격했기에 당연하다는 논리를 펼친다. 이와 달리 좌파는 도쿄재판이 영국·미국을 상대로 벌인 전쟁의 '죄'를 추궁하는 기본적인 절차에 그쳐 철저하지 않았지만, 반면에 평화헌법은 세계사가 걸어가야 할 큰 길을 앞서 닦았던 훌륭한 가치여서 마땅히 지켜야 한다는 것이다. 그러나 전쟁에 대한 천황의 책임 추궁을 포기한 것은 전후 민주화 개혁이 불완전했다는 증거라고 주장해왔다.

여기서 문제는 양쪽 진영이 제시하는 각각의 논점에 대한 평가의 타당성이 아니다. 많은 경우 이들 논의가 '평가'의 형태를 띠고 있는데, 즉 도덕적 언어로 논의가 이뤄져왔다는 점이 중요하다. 더 알기 쉽게 말하자면 '미국이 일본에게 했던 일이 선의였는지 아닌지'를 판단하려고 수많은 논의가 이뤄져온 것이다. 그리고 당연하게도 이는 친미 내지 반미 감정 조성과 밀접한 관계가 있다. 대일 점령 정책 평가를 목적으로 점령기 연구에 사회적 관심이 집중돼 오늘에 이르기까지 방대한 기록이 축적돼왔다. 그러나 논의의 틀로 도덕적 평가를 내세우다 보면 국가는 애초부터 절대로 도덕적일 수 없다는 근본적인 사실을 간과할 수 있다.

---

123) reverse course: 미군이 일본을 점령하면서 초기에 내세웠던 민주화나 비무장화의 방침을 전환하여 보다 보수적인 정책으로(공산당을 탄압한다거나, 일본에 재무장을 촉구하는 등) 나아가게 된 것을 말한다. 옮긴이.

앞서 언급했던 에토 준은 이 점을 자각하고 있었다. 에토는 점령군의 검열 문제를 집요하게 거론하면서 비난의 창끝을 미국이 아닌 검열 시스템의 존재를 자각하지 못한 채 '전후 민주주의'를 지지했던 이들에게 겨냥했는데, 우리 눈에는 언뜻 묘한 당파적 행동처럼 비춰진다. 이를테면 어떤 사기 사건이 발각됐을 때, 가해자보다도 피해자 쪽이 더 엄하게 책임을 져야 한다는 주장처럼 보인다고 할까. 다시 말해 보수파가 내건 기치에 얽매인 나머지 상식적인 도덕 감각을 잃어서 적 진영(전후 민주주의자·진보파)을 향해 부당한 공격을 가하는 것처럼 보이기도 한다. 그러나 이런 비난은 정치적으로는 부당하지 않다. 왜냐면 어떤 나라든 국가가 본래의 의미에서 정의를 실현하는 일 따위는 없기 때문이다. 국가의 본성은 악이고 타국이나 타 국민을 수단으로 삼기 때문에 국가 정책은 애초부터 진보나 정의와는 거리가 멀다. 따라서 검열로 통제받는 형태로 시작된 전후 민주주의가 정의의 기초나 전후 일본의 사상적 기반이 될 수는 없다. 이것이 바로 전후 민주주의 개혁에서 희망의 근거를 발견했던 사람들에게 에토가 퍼부은 비판의 핵심이다.

에토의 논의에 덧붙이자면, 미국의 전후 대일 정책을 선악의 도덕 차원에서 논하는 것 자체가 무의미하다. 그 정책은 도의(道義)의 차원이나 선의 또는 악의로 펼쳐진 게 아니며, 철저하게 미국의 국익 추구와 국내 사정에 따라 규정됐다.

예컨대 오랫동안 전후 일본에서 치열하게 논쟁해온 전쟁에 대한 천황의 전쟁 책임 문제를 보자. 전쟁이 끝난 뒤 미국 내에서는 천황의 책임을 철저하게 따져 물어야 한다는 의견도 있었지만 결과적으로는 소추나 퇴위 없이 상징 천황제로 이행하는 선에서 일단락됐다. 즉, 천황의 전쟁 책임은 거의 불문에 부쳐진 셈이다. 이처럼 상징 천황제로 이행하는 결정이 나온 이상, 천황의 전쟁 책임이 '정말로' 있는지 없는지를 '논증'하려는 행위는 정치적으로는 무의미하고 헛되다. 이는 어느 쪽 입장으로도 '논증'할 수 있기 때문이며 실제로 많은 논객이 논증해왔다. 그러나 일본인의 입장에서 어떤 논리나 견해에 기초한 논증이 이뤄지든 결국 천황의 면죄는 미국의 사정에 따라 결정됐을 뿐이다. 이 또한 앞서 밝혔듯이 미국은 천황 지위의 극적인 변화가 점령 정책에 방해가 된다고 판단했고, 이런 연유로 소추도, 퇴위 권장도 하지 않기로 결정했던 것이다.

가령 미국이 천황의 전쟁 책임을 추궁하는 쪽이 점령 정책을 수행하는 데 유리하다고 판단했거나 또는 책임 추궁을 요구하는 미국 내 정치 세력이 더 강력하고 지속적인 주장을 펼쳐 그 압력을 무시할 수 없었다면, 맥아더의 대응은 전혀 다른 양상을 띠었을 것이다. 요컨대, 점령군은 천황에게 전쟁 책임이 '정말로' 있는지를 검토하고 대응하지는 않았다. 이런 것이 어떻게든 논증 가능하다는 것은 아이러니하게도 그 후 일본 사회에서 전개된 방대한 논의들이 보여주고 있다. 따라서 쇼와 천황의 전쟁 책임을 문제 삼지 않았던 미국의 정책이 '선했는지 악했는지'를 따지는 도덕 차원의 물음 자체가 무의미하다. 국가의 정책, 더구나 외국을 점령하는 정책은 도덕과는 근본적으로 무관하다.

전후 일본에서는 냉전구조의 영향도 있었겠지만 보수가 친미적이고 진보는 반미적인 경향이 오랫동안 두드러졌다. 냉전구조에서 친미 또는 친소라는 요인을 제외하고 보면, 이런 친미·반미 감정의 기원은 미국의 천황 취급을 어떻게 평가하느냐에 달려 있었다. 다시 말해 보수·우파는 일본 국민의 천황을 향한 절대적 애착(이 애착은 '원래 평화를 사랑하던 천황을 누가 미워하려 하는가!'라는 말로 유지된다)을 이해하고 이에 공감한 미국은 도 의적으로 '선하다'고 평가한다. 반대로 진보·좌파는 천황을 꼭두각시 삼 아 간접 통치의 편리한 도구로 이용한 미국이 도의적으로 '나쁘다'고 평가 한다. 그러나 이미 서술했듯이 이런 평가 행위 자체가 정치적으로 무의미 하며, 이 평가에 바탕을 둔 친미 혹은 반미 태도 또한 의미가 없다. 어떤 국 가나 타국을 수단으로 삼는 것은 국가의 논리상 당연한 행위다. 따라서 다 음과 같이 정리할 수 있다. 점령군의 '천황에 대한 경애'가 단순한 이해타 산에 불과하다는 것을 이해하지 못하는 쪽이 전후 일본의 보수파라면, 이 것을 이해하는 좌파는 '미국의 타산'이 그들 나라의 당연한 행위임을 모르 고 있다. 말하자면 전자는 절대적으로 나이브하고, 후자는 상대적으로 나 이브하다.

덧붙여 말하자면, 천황의 전쟁 책임을 둘러싼 좌우의 대립 구도가 헌 법 제9조에 이르러서는 완전히 뒤바뀐 형태로 나타난다. 잘 알려진 바와 같이 우파는 헌법 제9조를 전후 일본의 최대 질곡으로 간주하지만 호헌 좌 파는 이를 대일 점령 정책 중 최고의 결과로 평가한다. 그러니까 헌법 문제 에 한해서 친미 우파는 친애하는 아메리카로부터 얻은 것이지만 싫어하 고, 반미 좌파는 희한하게도 이 문제에서만큼은 메이드 인 유에스에이를 사랑해 마지않는다.

기억해야 할 사실은 앞에서도 다뤘듯이 호헌 좌파가 말하는 '세계 에서 으뜸가는 평화헌법'은 "우리는 원자력이 내뿜는 햇볕을 즐기고 있 다."[124](GHQ 휘트니 준장)라는 강력한 협박 문구와 함께 부여됐다는 점이

---

124) "We have been enjoying your atomic sunshine." '아토믹 선샤인(atomic sunshine)'이라고도 불 리는 이 유명한 표현은 1946년 요시다 시게루 등 일본 고관들이 일본국 헌법의 초안을 검토하고 있을

다. 전후 헌법에 '뉴딜 좌파'[125] 관료들의 순진한 이상주의가 담겨 있는 것은 확실하지만, 그 이상(理想)이란 것은 일본이 미국에 두 번 다시 군사적 위협이 되지 않게 하려는 미국의 노골적인 국익 추구와 결부돼 비로소 현실화한 것이었다. 게다가 제9조 이외 신헌법의 특징, 즉 기본적 인권 존중이나 언론 집회의 자유 등 모든 자유주의적 조항은 딱히 '뉴딜 좌파'가 아니라도 평균적인 미국 행정관이나 법률가라면 누구나 생각해낼 수 있었을 것이다. 그런데 호헌 좌파는 미국의 이런 정치적 계산을 외면한 채 평화헌법을 미화하여 '일국평화주의(一國平和主義)'를 사실상 긍정해왔다. 한편, 개헌을 주장하는 우파는 설령 권력 정치의 역사 과정을 이해하고 있다고 해도, 과연 자신의 정치 세력이 국제사회에서 야유를 받는 '일국평화주의'를 넘은 무언가를 감당하고 체현할 수 있는지를 진지하게 검토하지 않았다. 물론 검토할 수도 없다. 나중에 다시 다루겠지만 일본 영속패전 체제의 중핵이 되는 정치 세력은 머지않아 이 문제를 위기 상황으로 맞게 될지도 모른다. 결국, 신헌법 제정에 관해 미국이 세운 정책에서 전후 일본이 도의의 근본을 발견하든(좌파), 혹은 그 반대로 퇴폐의 근본을 발견하든(우파) 이런 시각은 모두 기만적이라고 할 수 있다.

이상과 같이 일미 관계에서 미국 측의 도의 유무를 묻는 논의는 근본적으로 헛되다. 그러나 이런 논의의 추세가 아무 기능도 하지 않았던 것은 아니다. 오히려 그것이 수행한 기능은 무시할 수 없다. 왜냐면 전후 일미

때 방문한 연합국 민정국장 코트니 휘트니 준장이 이 헌법 초안[마쓰모토(松本) 시안]을 전면 부정하고, 천황의 지위 격하와 일본 군사력 봉인 등의 내용을 담아 미국이 작성한 헌법 초안을 수용하라고 강요하면서 뱉은 말로 전해진다. 이 말은 일본 측에 미국이 다시 핵폭탄을 사용할 수도 있다는 '협박'처럼 들렸다.

125) 뉴딜 정책을 경험하고, 사회민주주의적 이상을 품은 사람들. 옮긴이.

관계를 살펴볼 때 미국의 이런저런 정책을 도덕적 가치 차원에서 따지는 동안에는 일본이 자체 문제를 스스로 유보할 수 있었기 때문이다. 따라서 '친미인가 반미인가'라는 문제 설정은 버려야 할 거짓일 뿐이다. 문제는 우리 자신, 영속패전의 구조를 끝없이 재생산해 온 일본 사회에 있다.

종속구조의 현황

비록 일본이 정치·경제·군사 분야에서 대미 종속을 강요받고 있다고 해도 책임은 일본이라는 국가와 사회에 있음을 뼛속 깊이 새겨야 한다.

현재 표면으로 드러난 일미 관계의 불안 요소는 크게 볼 때 다음 두 가지다. 하나는 TPP 문제로 대표되는 새로운 형태의 경제 전쟁이 전개되는 상황이다. 1970년대부터 쇠퇴일로에 있는 미국 경제는 신자유주의 도입과 금융버블 경제화, 그리고 구공산권 시장 개방·통합으로 연명을 꾀해 왔다. 그러나 이런 노력도 이윤율의 경향적 저하와 경제성장의 둔화를 막을 수 없었다. 결국 한계에 이르러 2008년 리먼 쇼크가 일어났다.[126] 미국이 세운 TPP 전략의 목표는 이처럼 어려운 상황에서 탈출하는 데 있었다. 그렇게 미국은 보험·의료·금융·농업 분야를 주도하는 질서를 정하고 일본 시장을 장악하려는 속셈을 드러내고 있다. 다수의 전문가는 미국의 이런 제국주의적 책동이 TPP 틀 안에 포함되었다는 사실을 우려하고 있다.

---

126) 이런 역사 해석은 미즈노 가즈오(水野和夫)의 여러 저서, 특히 《세계경제의 거대한 물결―경제학 상식을 뒤엎는 자본주의의 대전환(世界経済の大潮流 経済学の常識をくつがえす資本主義の大転換)》(太田出版, 2012)을 참조할 것.

나오미 클라인(Naomi Klein)의 《쇼크 독트린》[127]이나 데이비드 하비(David Harvey)의 여러 작품(《신자유주의 간략한 역사》[128]가 대표적이다)이 밝혔듯이 저성장의 운명을 피할 수 없는 신자유주의체제에서는 제로섬 게임을 전제로 파이 쟁탈전(그 수단에는 물리적 폭력 행사도 포함된다)이 벌어질 수밖에 없다. 물론 '같은 편(동맹국 주민)'에게서 빼앗는 행위도 당연한 선택지가 된다. 더구나 냉전 체제 붕괴 후 일본은 미국의 무조건 동맹자일 수 없다.

TPP 문제를 이런 추세에서 받아들여 논의의 전제로 삼아야겠지만, 우선 TPP와 관련해서 단기적으로 가장 중요한 점을 지적하자면 원자력과 얽힌 천연가스 문제를 들 수 있다. 2012년 1월 15일 자 《닛케이신문(日經新聞)》은 "미 정부는 원칙상 자유무역협정(FTA) 체결국에 한해 LNG 수출을 승인하고 있으며, 일본의 환태평양경제동반자협정(TPP) 참가는 이 점에서도 이점이 크다."라고 보도했다. 말할 것도 없이 원자력 발전소 가동이 곤란한 현재 상황에서는 당장 천연가스를 이용한 화력발전 의존도를 높일 수밖에 없다. 이런 사실을 배경으로 미국의 입장에서 천연가스는 일본이 어쩔 수 없이 TPP에 참가하게 하는 비장의 카드일 것이다.

그렇다면 이런 정세에서 일본의 정·재계는 어떤 태도를 보이고 있을까? 예컨대 일본 자본주의의 주요 성장 동력인 자동차 산업계에서 벌어진 상황은 코미디에 가깝다. 일본 자동차공업회는 TPP 참가를 소리 높여 주장하고 있는데, 2011년 11월 노다 당시 총리가 참가 교섭에 온 힘을 쏟겠

---

127) *The Shock doctrine*(2007): 국내에는 2008년 같은 제목으로 살림Biz 출판사에서 김소희 번역으로 출간됐다. 옮긴이.

128) *A Brief History of Neoliberalism*(2005): 국내에는 2008년 '신자유주의, 간략한 역사'라는 제목으로 한울아카데미 출판사에서 최병두 번역으로 출간됐다. 옮긴이.

다는 기본 방침을 발표하자 이를 전적으로 반겼다. 그런데 이런 일본의 전향적인 공식 발표가 나오자마자 미국은 '일본에서 정한 경차 규격은 진입 장벽이 높으니 폐지하라'고 억지를 부렸다.[129] 일본에는 자동차 수입 관세가 없어 시장이 폐쇄적이라는 비판은 전혀 이치에 맞지 않는다. 실제로 독일 자동차는 비싼 가격에도 일본 시장에서 잘 팔리고 있다. 미국산 자동차의 시장 점유율이 낮은 이유는 품질이나 디자인 같은 요소에서 찾아야 한다. 미국 제조사들은 경차 개발 노하우가 없어 만들려고 해도 쉽지 않을 것이다. 이는 불을 보듯 뻔한데, 역시 그들은 '경차의 규격 자체가 공정하지 않다'고 말한다. 바꿔 말해 '우리가 잘 만들 수 없는 이유는 경차 규격이 잘못된 탓'이라는 억지 논리를 생각해낸 셈이다. 물론 미국의 요구는 2012년 2월에 철회됐지만[130] 이런 억지가 공공연하게 표명된다는 사실 자체가 TPP의 본질을 말해준다.

TPP의 본질은 무엇일까. 추진 세력은 "TPP는 자유무역 추진을 의미하며, 경제 블록화가 제2차 세계대전을 초래했다는 반성에 따른 협정"이라며 과거 역사를 상기시키는 슬로건을 내걸었다. 그러나 이는 무지에서

---

129) "미통상대표부(USTR)는 13일, 일본의 환태평양경제동반자협정(TPP) 교섭 참가에 관한 미 비영리단체의 의견 공모를 마감했다. 단체에서는 일본의 교섭 참가를 지지하는 목소리가 높았지만, 시장 개방을 재촉하는 요구가 특히 두드러졌다. 미국 자동차 대기업은 일본의 교섭 참가에 반대했고 일본의 독자적인 경자동차 규격 폐지를 요구했다. (중략)
미국 자동차 대기업 세 곳(빅3)으로 이뤄진 미자동차무역정책협의회(AAPC)는 자동차 시장의 폐쇄성을 이유로 일본의 TPP 참가를 '현 시점에서는 반대한다'고 의견을 밝혔다. 일본의 독자적인 경자동차 규격을 '우대 조치는 합리적인 정책으로 보기 어렵다'며 이어 '일본 제조사에만 있는 특혜'라며 폐지해야 한다고 주장했다. AAPC는 '일본은 여전히 선진국 중에서 수입차에 가장 폐쇄적인 시장'이라고 지적했다. 또한, 일본의 기술 기준이나 인증 수속이 외국 자본의 참여 비용을 끌어올린다는 견해를 나타냈다." (후략) 《닛케이신문》, 2012년 1월 14일)
130) "일본의 환태평양경제동반자협정(TPP) 교섭 참가에서 주목되는 자동차 시장 개방을 둘러싸고 미국 자동차 대기업이 일본의 독자적인 경자동차 규격 철폐 요청을 상정한 사실이 분명해졌다."《닛케이신문》, 2012년 2월 5일)

비롯했거나 불성실한 수사에 불과하다. 왜냐면 오늘날 일본을 비롯한 많은 나라에는 관세가 없거나 미미해서 고전적인 의미의 자유무역이 이미 실현되고 있기 때문이다.

따라서 TPP의 표적은 관세가 아니라 '비관세장벽'이다. 즉 각국마다 존재하는 독자적인 상거래 관행으로 안전 기준이나 제품 규격 같은 사항들이다. '비관세장벽'을 하나의 개념으로 파악할 때 여기에는 '외지인'이 볼 때 시장 진입의 장애가 되는 모든 제도, 관행이 포함될 수 있다. TPP 추진세력이 '장벽'(성가신 것)이라고 부르는 갖가지 '로컬 룰'은 각국의 전통 관습이나 가치관, 지리 조건, 국민 생활 안전을 배려하는 합리적 동기 등으로 결정된다. 물론 이런 동기에는 시장의 폐쇄성 유지로 발생하는 독점적 이윤을 확보하고 싶어 하는, 경제학적으로 볼 때 불합리한 동기가 포함된 경우도 있다. 하지만 합리적 동기와 시장 독점 욕구를 깔끔하게 구분할 수는 없는 노릇이다. 대부분 '장벽'은 쌍방의 동기로 유지되고, 또한 쌍방에서 기능을 다하기에 경제학적으로 불합리하다고 제거한다면 합리적인 '장벽'까지도 파괴하게 된다. 그럼에도 모든 '장벽'은 불합리하다며 한쪽의 가치로만 단죄하고 없애버리려 한다. 획일적인 '글로벌 룰'을 설정하여 강제하려는 시도가 지금 진행되고 있는 것이다. 금융기관의 경우 BIS 비율[131] 규제가 도입(일본은 1993년부터 적용)되는 등 이미 부분적으로 이런 흐름이 확실하게 나타나고 있다.[132] 결국, 자신에게 가장 유리한 '게임 룰'을 설정

---

131) BIS rate: 국제결제은행(Bank for International Settlement)이 정한 각 은행의 채권 대비 자기자본 비율. 옮긴이.

132) 다음 문헌을 참고할 것. 모토야마 요시히코(本山美彦), 《금융권력─글로벌 경제와 리스크 비즈니스(金融權力──グローバル經濟とリスク·ビジネス)》, 岩波新書, 2008. (이 책은 2008년 국내에서 같은 제목으로 전략과문화 출판사에서 김영근 번역으로 출간됐다. 옮긴이.)

하고 시장 독점을 노리는 것이 오늘날의 '자유무역'이다.

'자유무역'화를 보여주는 전형적인 예가 바로 GMO(유전자 변형) 작물 문제다. GMO 분야에서 압도적 점유율(90%)을 자랑하는 몬산토(Monsanto, 미국 미주리 주 소재)는 TPP가 실현되자 'GMO 작물 표시 의무' 철폐를 조장하고 있다. 몬산토는 과거 베트남 전쟁 때 고엽제를 개발해 악명이 높은데, 오늘날에는 '종자 독점'으로 전 세계에서 비난받고 있다. 몬산토는 자사가 개발한 유전자 조작 종자에 지적 소유권을 주장해서 농민이 직접 수확하고 보존한 종자를 이듬해 파종하는 행위를 금지했다. 더욱이 몬산토는 기어코 '터미네이터 종자'까지 개발해 농가에서 스스로 채취한 종자의 파종을 물리적으로 막으려 하고 있다. '터미네이터 종자'란 유전자 조작을 통해 종자가 발아할 수 없게 개조한 종자로 농가가 해마다 종자를 새로 구입하게 하는 것이 목표다.

게이단렌[133]이 TPP 참가 추진에 목소리를 높이고 있는 현재 상황에서 '게이단렌이 TPP를 추진하는 이유는 게이단렌 회장이 스미토모화학 출신이고, 스미토모화학은 몬산토의 일본 파트너이기 때문'이라는 주장이 인터넷을 뜨겁게 달구고 있다. 지나친 음모론이라고 생각한다. 설마 한 나라 산업계의 리더라고 할 수 있는 자가 이처럼 개별 이익 때문에 악마와 손잡겠는가. 하지만 후쿠시마 원전 사고를 경험한 우리에게 이제 '설마'는 없다.

이번에도 '미국은 나쁘다'는 문제를 따진 것이 아니다. 우리는 몬산토가 어떤 기업인지 충분히 알고 있다. 미국은 '경차를 폐지하라', 'GMO 종자를 도입하라'며 당연히 자국의 이익을 위해 일본을 압박할 것이다. 진짜

---

133) 經團聯: 사단법인 일본 경제단체연합회. 옮긴이.

문제는 앞장서서 이런 요구를 받아들이고 적극적으로 끌어들이려고 하는 자들이 일본에 있고, 지적으로나 도의적으로나 저열한 그들이 지도자의 자리를 꿰차고 있는 현실이다.

또 하나의 불안 요소는 안전보장 문제다. 더 정확히 말하자면 미국이 펼치는 세계 전략에서 일본을 이용하는 방법 문제다. 제2장에서 살펴봤듯이 일본의 영토 문제는 과거에서 현재에 이르기까지 모두 미국의 대일 전략과 관련 있다. 오늘날 가장 중요하게 떠오른 문제는 예컨대 일본과 중국이 센카쿠 열도에서 무력으로 충돌하게 될 때 과연 미국이 어떻게 행동할 것이냐는 것이다. 앞서 지적했듯이, 미국은 센카쿠 열도 일부를 군사 시설로 빌려 쓰고 있으니, 따지고 보면 군사 소동에 이미 얽혀 있는 셈이다. 그런데도 센카쿠 열도 귀속 문제와 관련해서 미국은 '중립'을 표방하고 있다. 말하자면 미국은 '누구의 것인지도 모르는' 땅을 아무렇지도 않게 빌려 쓰고 있는 것이다.

미국의 이런 태도는 도요시타 나라히코가 말했듯이 전형적인 역외균형(offshore balancing) 전략에 기초한 것이다. '역외균형'이란 단순하게 말해 '바다 건너편에 강대한 세력 A가 나타날 때 바다 건너편 또 다른 세력 B를 옹호하고 지원함으로써 A와 B 사이 긴장을 고조시켜 반대편에서 안전을 확보하는 전략'이다.[134] 미국으로서는 중국의 약진과 그 정치적 존재감의 확대가 막을 수 없는 일이 됐다. 억제 비용 부담도 더는 혼자 감당하기 어려워졌다. 또한, 중국과 일본이 협력해서 미국 중심의 세계질서에 도전하는 일은 반드시 피해야 할 최악의 시나리오다. 따라서 일중 관계에 쐐기를

---

134) 도요시타 나라히코, 《'센카쿠 문제'란 무엇인가》, 64쪽.

박아 둘이 절대 친밀해지지 않도록 갈등의 불씨를 남겨놓는 것이 중요한 전략이고, 이는 군산복합체의 이익에도 부합한다. 그리고 같은 구도가 일한 관계나 일러 관계에서도 다소 적용된다. 물론 이런 전략은 냉전시대에도 볼 수 있었다. 제2장 북방 영토 문제에서 언급한 '덜레스의 협박'이 그 전형이다. 다만 냉전시대와 지금은 큰 차이가 있다. 글로벌 경제화로 잠재적인 적대국이라도 경제 관계는 긴밀해질 수 있는데, 똑같은 이유로 갈등의 불씨 또한 쉽게 커질 수 있다. 말하자면 '싫은 상대와의 만남'을 피하기가 어려워진 상황에서 미국의 자의적인 전략이 초래할 결과는 냉전시대보다 훨씬 위험할 수 있다.

다시 말하지만 이런 사정은 이미 명백한 현실이다. 역외균형 전략은 비열한 제국주의적 정책이라고 비난해도 어쩔 수 없는 공허함이 남는다. 국가란 원래 그런 것이라고 말할 수밖에 없다. 여기서도 문제는 '일미동맹 강화'를 주문처럼 읊어대며 대미 종속의 영속화를 기꺼이 추진하는 세력이 이 사회를 지배한다는 데 있다. 특히, 외교와 안전보장 분야에서 유독 권력을 독점하고 있다는 일본에서 말이다.

영속패전 구조의 핵심을 차지하는 이 세력의 뒤틀린 세계관은 이제 거의 광기로 치닫고 있다. 다시 도요시타 나라히코에 따르면, 80년대 일미 관계에서 중요한 역할을 했던 전직 외교관 나카지마 도시지로(中島敏次郞)는 "일미 외교의 달성 목표는 무엇입니까?"라는 질문에 "역시 일본과 미국의 흔들림 없는 유대라고 생각합니다."[135]라고 답했다. 이것이 바로 일본 엘리트를 대표하는 자의 말이고, 여기에 전후 일본의 병리가 응축돼 있다. 질문

---

135) 같은 책, 251쪽.

자는 '달성 목표'를 물었는데, 돌아온 대답은 '일미기축(日米基軸)'[136]이었다. 논리의 기초도 없는 엉터리 답변이다. 달성해야 할 외교 목표가 있고, 일미기축은 목표 달성을 위한 수단이어야 맞는다. 그들은 이처럼 당연한 것조차 모르고 있다. 수단과 목적이 뒤바뀐 수단의 자기목적화나 다름없다. "그래서 일본 외교의 목표를 묻는 질문에 '일미기축'이라고 대답하는 것이 '이상'하다고 인식하지 못하고, 오로지 일미 관계를 지속하는 일이 최대의 과제였다."라고 도요시타는 평한다. 또한, 제2차 아베 내각에서 내각관방참여(内閣官房参与)로 임명됐던 전 외무사무 차관 야치 쇼타로(谷内正太郎)는 급기야 일미 관계를 '기사와 말'로 비유했다.[137] 이쯤 되면 그들의 모습은 SF소설《가축인 야푸》에 나오는 '야푸' 자체다.[138] 이 작품 세계에서 일본인은 백인 신앙을 뿌리 깊게 이식받아 완전한 가축이자 살아 있는 변기로 육체가 개조된 상태로 나온다. 백인의 배설물을 기꺼이 먹고 그들의 배설기관을 혀로 핥는다.

'아메리카를 등에 업고 달리는 말이 되고 싶다'고 생각하는 사람들이 도착자(倒錯者)는 아닐 테지만 이런 자기 맹목화가 당사자에게 현실적인 이득을 주고 있다는 사실을 잊지 말아야 한다. 이것이 바로 영속패전 구조를 유지하는 힘이다. 이 구조로 만들어진 정관계를 비롯한 재계, 학계, 그

---

136) 일본과 미국의 동맹 관계를 외교·안전보장 정책의 토대로 삼는 것. 옮긴이.

137) 같은 책, 210쪽.

138)《家畜人ヤプー》: 복면 작가로 알려진 누마 쇼조(沼正三)의 장편소설이다. 1956년 잡지《기담 클럽(奇譚クラブ)》에 연재됐고 그 후로도 간헐적으로 발표됐다. 작품의 세계관은 백인종인 '인간', 흑인종인 '노예(흑노)', 구일본인으로 이뤄진 가축 '야푸'라는, 세 단계의 신분 차별이 있는 가까운 미래를 시대 배경으로 한다. 이 책에는 '야푸'(=일본인)가 말 그대로 가축이 돼 자연스럽게 백인의 탈 것으로 취급되는 장면이 나온다. 일찍이 미시마 유키오를 매료했던 이 작품은 전후 일본을 총체적으로 정확하게 비판해 전에 없던 정치적 현실을 담아냈다. 이를 그저 우습고 유쾌한 '기담'으로 취급할 수만은 없다. 옮긴이.

리고 언론계 등은 이권을 유지할 수 있으며 또 관여할 수 있다. 그러나 이런 이권 구조는 다른 측면에서 볼 때 희생의 구조일 뿐이다. 어느 전직 외무성 고위관료는 오키나와 핵 밀약의 모순과 기만에 관한 질문을 받는 자리에서 자조 섞인 말투로 다음과 같이 말했다고 한다. "무엇보다 1960년 이후 지금까지 우리는 안보조약으로 보호받고 있습니다. 계속성의 문제가 중요하지 않겠습니까?"[139] 도쿄재판에서 군부 지도자들이 보여준 행태가 그대로 반복되고 있는 것이다. 그때 그들은 전쟁 돌입 계기를 "그저 어쩌다 보니 그렇게 됐다."라고밖에 대답하지 못했다. 마찬가지로 일미 외교관계를 만들어온 장본인은 오키나와를 희생양으로 삼은 것까지 포함해 "단지 그저 계속되고 있다."라고 말한다.

따라서 우리는 다음 사실을 인식해야만 한다. 즉 '계속'되고 있는 것은 '1960년(일미 안보조약이 개정된 해) 이후' 정도가 아니라 이권 구조나 인적 계보를 넘어선 더욱 끔찍하게 뿌리내린 '무언가'라는 걸 말이다.

'동등한 동반자 관계'라는 환상

당연한 일이지만 친미 보수 진영에도 대미 종속 관계가 떳떳하지 못하다며 일본의 주체성 확립을 강조한 논객이 많다. 이른바 '동등한 동반자 관계(equal partnership)' 주장이다. 심지어 이런 주장은 단순히 이념으로 존재하는 명제가 아니라 전후 일본 정치의 주류 목소리다. 이 표어는 2009년

139) 도요타 유키코(豊田祐基子), 《'공범'의 동맹사─일미 밀약과 자민당 정권('共犯'の同盟史─日米密約と自民党政権)》, 岩波書店, 2009, 8쪽.

민주당으로 정권이 교체되면서 등장한 적이 있지만 같은 슬로건이 60년대 이케다 하야토(池田勇人) 정권 때부터 여러 차례 등장했다. 1960년 안보개정을 강행했던 기시 노부스케[140]가 내걸었던 목표도 '진정한 독립'이었다.

이렇듯 50년도 넘는 세월에 같은 말이 되풀이된다는 것은 결코 실현되지 않았음을 의미한다. '비핵 삼원칙'과 '오키나와 핵' 문제처럼 냉소적인 상황이다. 일본에 미국 핵무기는 없다는 말 따위를 믿는 사람은 아무도 없지만, 일본은 노벨평화상이라도 받을 만한 가치가 있는 원칙을 국시로 삼고 있다. 이와 마찬가지로 일본이 미국의 속국에 지나지 않는다는 사실을 누구나 알고 있지만 정치인들은 미국과 일본의 정치적 관계가 대등하다(적어도 대등에 접근하고 있다)고 입에 발린 말만 늘어놓는다. 이런 말은 국민에게 일종의 정신적 스트레스를 불러일으킨다. 한편에서 '우리나라는 훌륭한 주권국가'라는 말을 들으면, 이것이 새빨간 거짓임을 은연중에 잘 알고 있기 때문이다. 영토 문제에 전형적으로 나타나듯이, 아시아 다른 나라와의 관계라면 '우리나라에 대한 주권 침해'라는 관념으로 과도하게 흥분하는 이유가 바로 이런 정신구조에 있다. 무의식 영역에 누적된 불만을 아시아에 모조리 쏟아내기, 이를테면 '주권의 욕구불만' 해소다.

'동등한 동반자 관계'라는 환상은 '주권의 환상'이기도 하다. 그렇다면 대체 '주권'이란 무엇을 의미할까? 가령 자국의 안전을 자국만의 힘으로 지키는 능력을 의미한다면, 제2차 세계대전 이후 그런 힘을 갖춘 나라는 미국과 소련뿐이었다(나중에 중국도 이런 능력을 갖추려고 치열하게 노력

---

140) 岸信介(1896~1987): 일본의 정치인으로 태평양전쟁 당시 도조 내각의 관료였다. A급 전범 용의자로 3년 복역하였으나 무죄 방면됐다. 정계에 복귀하여 자민당 결성의 중책을 맡았다. 그 후 총리까지 역임했다. 퇴임 후 지금까지 일본 보수 세력에 큰 영향력을 끼친 인물이다. 별명은 '쇼와 요괴', 아베 신조의 외조부. 옮긴이.

했다). 그러나 안토니오 네그리와 마이클 하트는 2000년 그들의 저서 《제국(帝國)》[141]에서 세계화에 따른 주권 권력의 종언을 주장했다. 특히 안전보장을 말하자면 '제국'적 상황은 냉전시대에 이미 나타났으며 엄밀한 의미에서 전전과 똑같은 형태를 띠고 있는 '주권국가'는 두 개의 예외를 남기고 모두 소멸한 것이다. 많은 나라가 두 개의 예외, 즉 미국과 소련 양 진영 어느 한쪽에 속하는 한 실질적으로 주권을 제한받았다. 이런 의미에서 '국가주권'이라는 개념 자체는 1945년 이후 대외적인 의미에서 의제(擬制)가 됐다. 한쪽 세력의 맹주 소련의 브레즈네프 서기장은 이를 노골적으로 말해 빈축을 샀는데(제한주권론)[142], 다른 쪽 맹주(미국)는 친구들의 꿈이 되도록 부서지지 않도록 묵묵히 실행한 차이가 있을 뿐이다.

전후 보수 세력이 대부분 '주권의 환상'을 품고 있는 와중에 후쿠다 쓰네아리[143]는 예외에 속한 인물이었다. 후쿠다는 "제2차 세계대전 후 세계에서 단독으로 방위가 가능한 나라는 미국과 소련 두 나라뿐이며, 전후 세계에서는 전전과 같은 의미에서의 독립국은 존재할 수 없다."라는 주장을 되풀이했다.[144] '동등한 동반자 관계'라는 관념은 결국 공염불에 지나지 않는다는 사실을, 후쿠다가 분명히 자각하고 있었음을 보여주는 대목이다. 같은 진영의 이데올로그로 곧잘 간주되는 에토 준 같은 인물과는 인식에

---

141) Michael Hardt and Antonio Negri, *Empire*, Harvard University Press, 2000. (이 책은 국내에서 2001년 같은 제목으로 이학사에서 윤수종의 번역으로 출간됐다. 옮긴이.

142) '프라하의 봄' 당시 소련의 체코슬로바키아 군사 개입을 정당화하는 논리. 사회주의 공동체 전체의 이익은 개개의 국가주권을 초월한다고 주장했다.

143) 福田恆存(1912~1994): 일본의 평론가·번역가·극작가로 보수적인 인물로 알려졌다. 옮긴이.

144) 〈일미 양 국민에게 호소한다(日米兩國民に訴える)〉, 《후쿠다 쓰네아리 평론집 제10권(福田恆存 評論集 第十卷)》, 麗澤大學出版会, 2008, 114·123쪽. 같은 제목의 간행본이 1974년에 출간됐다.

서부터 근본적인 차이가 있다. 에토의 몽상은 일본이 '강요된 헌법'을 물리치고 교전권을 회복해서 본래 의미의 주권국가가 돼 미국과 '동등한 관계'를 맺는 것이었다. 후쿠다도 전후헌법은 정도를 벗어났다고 비판하지만, 동시에 헌법 제9조 개정이 이전과 같은 의미의 주권회복은 아니라는 점을 명백히 꿰뚫어보고 있었다.

그러나 '동등한 동반자 관계'라는 관념은 지금도 강력한 힘을 발휘하고 있다. 사고가 정지된 자기목적화형 대미 종속주의자들의 이성이 무너진 것은 앞서 말한 대로지만, 이를 비판하는 후계자들 또한, 영속패전 구조에 숨어 있는 함정에서 벗어나지 못한다. 도요타 유키코[145]는 다음과 같이 말한다.

2001년 9월 미국의 동시다발 테러 이후, 당시 고이즈미 정권 외무성과 방위성 관료 및 자위대를 중심으로 형성된 '안전보장 서클'[146]은 일미동맹 강화에 속도를 내고 있었다. 이때 지속적으로 논의한 주제가 바로 '일미동맹은 수단인가 목적인가'였다.

젊은 층 일반은 목적론이라는 것이 결국 "미국이 하라는 대로 하는 것"이라고 비판하면서 "주체로서 미 전략에 참가해 목소리를 높여야 한다."라고 주장했다. '전략적 친미'를 자인하는 이들은 미국이 적을 바꿀 때마다 일본에 요구하는 능력이나 역할이 달라진다는 것을 알고 있다. 따라서 적을 피할 수 없다면 먼저 치고 나가 미국을 끌어들여야 한다는 사고방식이 여기서 비롯한다.

---

145) 豊田祐基子(1972~): 일본의 저널리스트·정치사학자. 옮긴이.
146) 외무성 및 방위성 관계자와 밀접한 정부 산하 싱크탱크 그룹 연구원, 국제관계 학자 등 일본 안전보장 정책을 실질적으로 결정하는 집단을 지칭한다. 옮긴이.

한 해상자위대원은 "북한만으로는 충분치 않다. 군비 확충에 속도를 내고 있는 중국 포위망에 미국을 끌어들어야 한다. 혹시라도 일미 관계가 흔들리면 미국을 얽어매는 수단이 될 것이다."라고 말했다. 미국의 의사를 선행해야 비로소 자주성 확보가 가능하다는 뒤틀린 논리다.[147]

여기서 등장하는 자칭 '전략적 친미'주의자가 펼치는 논리는 이해하기 어렵다. 대미 종속이 깊어질수록 그만큼 쉽게 미국으로부터 자립할 수 있다는 말인데, 과연 이런 일이 역사적으로 단 한 번이라도 실현된 적이 있었던가. 미국의 세계 전략에 일본이 사실상 전면적으로 동조하지 않고 넘어갔던 것은 '강요된 헌법'인 평화헌법과 소련을 배경으로 한 유력 사회주의 정당 덕분이지 보수 세력이 미국에 순종했기 때문은 아니다(그중 가장 뚜렷한 사례는 베트남 전쟁에 참전하지 않은 것이다). 미국이 난제를 던졌을 때 역대 자민당 정권은 평화헌법과 사회당에 의지해서 미국의 요구를 피해왔고, 이는 누구나 아는 사실이다.

자기목적화한 대미 종속을 변함없이 추구하는 선배들에게 비판적 입장을 보이는 그들의 모습은 전전의 혁신적 관료들이나 청년 장교들을 떠오르게 한다. 전전의 이들 또한 이전 세대를 비판했지만, '군비확장'—그 필연적 귀결은 전쟁이다—이라는 낡은 해법만을 제시해서 상상력의 빈곤을 드러냈다. 이와 흡사하게 오늘날 '안전보장 서클'에 속한 젊은 세대도 영속패전 구조에 눈길을 주려고 하지 않는다. 이들은 일본이 '미국이 하라는 대로'에서 더 나아가 '미국이 하라고 할 것 같은 바대로' 단계가 되면 일

147) 도요타 유키코, 《'공범'의 동맹사―일미 밀약과 자민당 정권》, 278쪽.

미 관계를 제외한 여러 나라 관계에서 무엇을 잃게 될지(대체 이런 나라를 누가 존중할까?) 생각조차 하지 않는다. 일미 관계를 벗어난 세계는 상상력 밖에 존재하는 듯하다.

후세인, 빈 라덴 그리고 자민당

앞서 언급했던 후쿠다 쓰네아리는 친미 보수파로 분류되는 인물이었지만 '주권의 환상'이 전혀 없어 전후 일본의 도착적 세계관, 즉 '일미 관계=세계'라는 관념에서 벗어나 있었다. 그는 닉슨의 중국 방문과 베트남전쟁에서 미군 철수 같은 전후 세계사의 전환점을 맞이하며 저술한 논고 〈일미 양 국민에게 호소한다〉에서 친미 보수와 반미 진보 양 진영이 공유하는 전제를 지적했다. 즉 미국은 일본의 반영구적 동맹자로 남을 것이라는 전제인데, 이는 무의식까지 점령당하지 않으면 나올 수 없는 전망이다.

> 그것은 친미 보수 입장에서 보면 미국은 어떤 일이 있어도 일본을 저버리지 않으리라는 희망적인 관측에서 오는 안도감이며, 반미 진보에게는 미국이 자신의 국익 유지를 위해 어떤 일이 있어도 일본을 포기하지 않으리라는 절망적인 관측에서 오는 반감이다. 어느 쪽이든 미국은 정치적·경제적·군사적으로 일본이 없으면 안 된다는 '자신감'을 바탕으로 하고 있다.[148]

---

148) 〈일미 양 국민에게 호소한다〉,《후쿠다 쓰네아리 평론집 제10권》, 12쪽.

그리고 후쿠다는 이런 '자신감'은 아무런 근거가 없다고 말한다. 즉 미국의 사활이 걸린 국익이 일미동맹과 영원히 결부된다는 보증 따위는 어디에도 없다는 것이다. 그러나 미국이 대만을 단념하고 베트남을 포기한 시점에서 '다음 차례는 일본일지도 모른다'고 우려하기에는 너무 이른 감이 있다. 당시 미국에서 이른바 '안보 무임승차론'이 대두했던 사정을 감안해도 그렇다. 그래도 일미동맹이 영원하지 않으리라는 후쿠다의 한결같은 인식은 논리적으로 옳다. 왜냐면 미국이 동맹을 유지할지 파기할지는 선의나 악의 또는 호의나 혐오에 달린 것이 아니라 궁극에는 국익을 최우선으로 고려하여 판단할 것이기 때문이다. 이런 인식으로 후쿠다는 다음과 같은 선구적 추론을 제시할 수 있었다. 한국 전쟁으로 한국이 사회주의 진영에 편입되지 않은 사실, 다시 말해 '한국'이라는 국가의 존재를 평가하지 않고 박정희 정권의 강압적 통치를 비판하는 일에만 몰두했던 당시 일본 상황에 관한 이야기다.

그러나 신문을 보면 유감스럽게도 많은 일본인이 '한국 전쟁의 결과가 일본의 방위에 도움이 됐다는 명제'에 '동의'하지 않는 모양이다. 만약 그렇다면 미국과 일본은 서로 관계를 조율할 필요가 있다. 다시 말해 '미국은 일본을 돌봐준다'고 굳게 믿고 일미 안보조약에 무임승차하면서 우쭐대며 일본의 방위선인 한국의 '비민주주의 체질'을 비판하는 사이에 똑같은 비판의 칼날이 미국으로부터 우리를 향할지도 모른다.[149]

---

149) 같은 책, 87쪽.

물론 후쿠다가 전개한 논의는 매우 위험한 부분이 있다. 왜냐면 후쿠다는 미국이 들고 나온 '안보 무임승차론'에 크게 공감하고 있고, 이에 따르면 일본은 한국이 그랬듯이 미국과 함께 베트남에서 싸웠어야 했기 때문이다. 만약 그랬다면 일본과 베트남 국민 모두에게 심각한 상처를 남겼을 것이다. 한반도가 전부 공산화했다고 가정할 때 전후 일본에서 민주주의가 생겨났을지도 의심스럽다

그렇지만 여전히 후쿠다의 통찰에는 예리한 구석이 있다. 먼저 일본 사회는 한국의 박정희 정권을 비판할 자격이 없다는 인식이다. 이는 제1장에서 본 브루스 커밍스의 인식, 즉 "한반도 전체가 공산화했다고 가정했을 때 일본의 전후 민주주의가 계속해서 살아남을 수 있었을지 의심스럽다."라는 발언과 궤를 같이한다. 이미 말했듯이 일본의 전후 민주주의는 냉전의 최전선을 한국과 대만에 떠넘기고 얻은, 지정학적 여유에서 비롯한 허깨비다. 다시 말해 가짜나 다름없다. 결국, 후쿠다는 아무 생각 없이 우연히 누리는 지정학적 여유에 의존하면서, 따지자면 일본이 취할 수도 있었던 한국의 정치체제를 '비민주적'으로 간주하는 태도의 오만함을 조명하고 있다. 이런 태도는 패전의 의미를 망각할 때 생길 수 있다. 여기서 '패전의 의미'란 총력전의 패배로 속국이 될 수도 있었던 본래의 엄혹함을 말한다. 상징 천황제처럼 일본의 전후 민주주의 체제도 미국의 국익 추구에 걸맞게 애초부터 설계됐을 뿐, 일본이 주체적으로 선택했던 것이 아니다. 같은 맥락에서 보자면 전후 동아시아 친미 국가들의 강권적인 정치체제든 일본의 전후 민주주의체제든 모두 자발적인 선택의 결과가 아니다. 일본은 '한국의 비민주적 체질을 비판하면서 우쭐대지만', 비판받아 마땅하다고 지목한 대상은 사실상 거울에 비친 '진짜' 자기 모습일 뿐이다.

그리고 또 하나는 '똑같은 비판의 칼날(일본이 비민주적이라는 비판)이 미국으로부터 우리를 겨눌지도 모른다'는 지적인데, 오늘날 더없이 현실적인 울림으로 다가온다. 바야흐로 영속패전 구조를 유지하기 어려워진 시대가 됐고, 실제로 그런 변화가 일어나려고 한다. 즉 '똑같은 비판의 칼날'이 미국으로부터 친미 보수 세력에게로 향하고 있기 때문이다.

　　흔히 말하듯이 전후 일본의 친미 보수 세력이 안고 있는 근본적인 뒤틀림을 개념으로 풀면 '보수적인 것', 즉 '일본 고유의 것'이 미국, 즉 '고유의 것이 아닌 것'에 의해 지탱되고 있는 상태라고 할 수 있다. 구체적으로 말하자면 '미국적인 것'이 표면상으로는 '전전적(前戰的)인 것'을 부정하고 단절한다는 의미가 있는데도 '보수'의 의미는 '전전적인 것'과의 인맥이나 가치관에서 연속성을 포함하고 있어 서로 애매한 화합을 이루고 있다. 이런 애매함의 전형은 다음과 같은 1955년 자민당 창당 시 강령 한 구절에서 확인할 수 있다.

　　국내 현상을 보면 조국애와 자주독립 정신은 사라지고 정치는 혼미를 계속하고 있다. 경제 자립은 여전히 멀고, 민생은 불안한 지경을 벗어나지 못하고 있다. 또한, 독립체제는 아직 정돈되지 않았으며, 아울러 독재를 노리는 계급투쟁은 더욱 치열해지고 있다.

　　생각건대, 이런 상황에 이른 원인의 절반은 패전 초기 점령 정책의 과오에 있다. 점령 하에서 강조된 민주주의와 자유주의는 새로운 일본의 지도 이념으로서 존중하고 옹호해야 한다. 그러나 초기 점령 정책의 방향은 주로 우리나라의 약체화였으므로 헌법을 비롯한 교육제도 및 여타 제도의 개혁 시 국가관과 애국심을 부당하게 억압했을 뿐만 아니라 국권을 과도하게 분할하고 약화시킨 면이 적지 않다. 이 간극이 새로운 국제 정세 변화와 맞물려 공산주의 및 계급 사회주의 세력이 때를 틈타는 기회가 됐고, 그 급격한 대두를 허용하기에 이르렀다.[150]

이와 같이 국내의 정치 경제 불안정을 지적하고 나서 그 원인의 행방과 비판의 창끝은 다름 아닌 미국의 대일 점령 정책으로 향한다. 즉 "민주주의와 자유주의는 새로운 일본의 지도 이념으로서 존중하고 옹호해야 한다."라면서 '전전적인 것'은 일단 부정하지만 "국가관과 애국심을 부당하게 억압했을 뿐만 아니라 국권을 과도하게 분할하고 약화시켰다."고 주장하여 '전전적인 것'을 부분적으로나마 긍정한다. 이처럼 '전전적인 것'의 긍정과 부정은 모호하게 공존하면서 전후 자민당 정치 과정에서 때에 따라 각각의 비중을 높이거나 낮추면서 지금에 이르고 있다.

자민당이 이처럼 미국의 대일 점령 정책을 공공연하게 비판해도 미국이 자민당 결성을 지원하고 지금까지 이런 본심에 가까운 미국 비판을 허용해왔다는 사실에 주목할 필요가 있다. 당연하지만 이 '허용'에는 한도가 있다. 가령 자민당의 '전전적인 것'의 긍정이 '전후적인 것'(미국의 대일 점령 정책)의 전반적인 부정에 이른다면 허용은 없을 것이다. 논리를 따져보면 '전후적인 것'의 전면 부정으로 이어질 수밖에 없었던 문제에서 미국은 지금까지 참견을 피해왔다. 대표적 사례가 야스쿠니 신사 문제다. 도쿄재판에 따라 사형에 상당하는 유죄 처벌을 받은 A급 전범들이 1978년 이후 '신'으로 모셔지는 곳에서 일본 정치인들이 참배하는 행위는 단지 아시아

---

150) 자유민주당 〈당의 사명(党の使命)〉 http://www.jimin.jp/aboutus/declaration/#sec08(2013년 1월 15일 열람)

에서만 문제시되는 사안이 아니다. 어떤 구실을 대더라도 신사 참배는 도쿄재판, 즉 미국을 필두로 모든 연합국을 향해 일본이 던지는 불만의 메시지가 아닐 수 없다.

지금까지 미국은 굳이 논리를 따져보는 수고를 하지 않았다. 그러나 미국이 계속해서 같은 태도를 보이리라는 보장은 없을뿐더러 이미 일본에 '경고'한 적도 있었다. 보수 세력 가운데 '전전적인 것'을 대표하는 아베 신조는 제1차 내각 때, 역사 인식 문제로 '호랑이 꼬리'를 확실히 밟아버리고 말았다. 2007년 미국 방문 시 종군위안부 문제로 역사 인식을 추궁당하는 자리에서 아베는 거듭 사죄하고 변명했다.[151] 더욱이 이 문제는 현재진행형으로 영향을 미치고 있다. 2012년 제2차 아베 내각 발족과 함께 아베는 종군위안부 문제를 다룬 고노(河野) 담화(1993)와 식민지 지배와 침략에 관한 무라야마(村山) 담화(1995)를 바로잡겠다며 새로운 견해를 제시했지만 이에 대해 미국의 유력 매체는 기민한 반응을 보이면서 엄격한 비판을

---

151) "아베 신조 총리는 이달 말 미국 방문을 앞두고 미국 언론과의 인터뷰를 통해 이른바 종군위안부에 대해 '인간으로서 진심으로 동정한다. 총리의 입장에서 대단히 송구스럽다'며 일본 측에 책임이 있다는 인식을 드러냈다. 17일 수상관저에서 미국《뉴스위크》와《월스트리트저널》기자들에게 각각 그렇게 답변했다. 위안부 문제에 관해 '좁은 의미에서 (과거 일본군에 의한) 강제동원 증거는 없다'는 총리의 발언은 미국 내에서 비판받았으며, 이에 총리는 이달 3일의 부시 대통령과의 전화 회담에서도 자신의 견해를 설명하고 지난달 국회 답변에서 '동정과 사과'를 언급했다. 이번 발언은 일본 측의 '책임'을 함께 지적함으로써 일을 조용히 무마하려는 시도였던 것으로 보인다. 다른 한편, 총리는 강제성을 둘러싼 과거의 발언을 '내가 처음 말을 꺼낸 것이 아니라, 지금까지 있었던 정부의 견해를 말한 것'이라고 설명했다. 그는 '여기서 사실 관계를 말하는 것은 별다른 의미가 없다'고 말하고 나서 '나의 내각에서는 (군의 관여를 인정하고 사죄했던 1993년의) 고노 담화를 계승한다'는 사실을 다시 강조했다. 미 언론에 실린 아베 신조 총리의 발언 요지는 다음과 같다.
◆종군위안부 문제◆
위안부 여러분을 인간으로서 동정한다. 그런 상황에 놓였던 것에 일본 총리로서 대단히 송구스럽게 생각한다. (좁은 의미에서 군의 강제성은 없다고 했던 과거의 발언은) 내가 처음 꺼낸 말이 아니라 지금까지 있었던 정부의 견해다. 여기서 사실 관계를 말하는 것은 별 의미가 없다. 우리는 그들이 위안부로 존재할 수밖에 없었던 상황에 책임이 있다. 너무나도 괴로운 경험을 하게 했다는 사실에 책임을 느낀다. 고노 요헤이 관방장관 담화를 나의 내각에서도 계승하고 있다."(《마이니치신문》2007년 4월 21일)

가했다.[152] 요컨대, 인내가 한계에 다다랐으니 '꼭두각시 주제에 기어오르지 말라'는 의미다.

이런 사태는 제3자의 눈으로 보면 실로 웃기는 일이다. 미국은 일본 친미 보수 세력의 저열함과 반성하지 않는 모습에 분노를 느끼고 있으나, 그 저열한 세력이 제멋대로 자라게 놔둔 당사자가 바로 미국 자신 아닌가. 일련의 사건들은 미국과 사담 후세인, 미국과 오사마 빈 라덴 사이에서 일어난 일과 본질적으로 다를 게 없다. 이란 혁명정권에 맞서게끔 편들어주었던 후세인이 거대해져 미국으로 칼날을 돌리자, 미국은 두 번에 걸쳐 군사행동을 일으켰다. 또한, 빈 라덴의 알 카에다 조직은 아프간 전쟁에서 소련을 치도록 원조했던 무슬림 의용군 전사들이었다. 결국 다양한 역외균형 정책을 펼친 결과 도리어 자신들이 키운 요원이 가치 감각도 다르고 제어 불가능한 괴물이 돼 대적해온 셈이다.

반대로 일본의 친미 보수 세력에게 후세인이나 빈 라덴과 같은 각오가 있다고는 도저히 생각하기 어렵다. 하지만 역사 인식 문제 다음으로 다가오는 더욱 실제적인 문제, 즉 중국과 일본의 군사적 긴장을 미국 입장에서 방치할 수는 없을 것이다. 이때 두 가지 선택지가 있다. 하나는 일본의

---

152) "미국 일간지《뉴욕타임스》는 3일 자 조간 사설에서 '역사를 부정하려는 새로운 시도'라는 제목으로 과거 일본군에 의한 위안부 모집의 강제성을 인정한 '고노 담화'에 대해 전문가를 통한 재검토 필요성을 언급한 아베 신조 총리의 행동을 '크나큰 과오'라며 강하게 비판했다. 사설은 12월 31일 자 《산케이신문》 일면에 게재된 아베 총리의 인터뷰 기사를 인용하며 그를 '우익 민족주의자'로 단정 짓고, '조선 등지의 여성을 강간하고 성노예로 삼아, 제2차 세계대전 당시의 침략지에 보냈던 사죄를 재검토할 필요성을 시사한다'고 비난했다. 또 '전쟁 범죄를 부정하고 사죄의 무게를 덜어내려는 시도는 한국이나 중국, 필리핀 등 전시 일본의 야만적인 행위로 고통받은 나라들을 분노하게 할 것'이라고 지적했다. 그리고 '아베 총리의 수치스러운 행동은 북한의 핵개발 등 지역의 중요한 협력 태세를 위협할 우려가 있다. 이런 수정주의는 일본에 부끄러워야 할 어리석은 일'이라며 사설을 마무리했다."(《산케이신문》, 2013년 1월 4일)

응석을 단호하게 막고 아시아 여러 나라와의 우호 관계를 강제하는 것이고, 다른 하나는 분쟁을 부채질해 무기를 팔아먹는 절호의 기회로 삼는 것이다. 전자는 마침내 일본이 미국의 보호 없이 주변국들과 마주하는 날이 온다는 것을 의미한다. 반대로 리차드 아미티지(Richard Armitage)나 마이클 그린(Michael Green)과 같은 자칭 지일파 '재팬 핸들러'[153] 등의 정치력이 커진다면 악몽 그 자체인 후자의 시나리오가 선택될 가능성이 있다. 어느 쪽이든 후쿠다 쓰네아리가 말했듯이 일본은 미국에게 '버려진다'. 그때 일본 사회와 국민은 영속패전의 구조, 그 본질과 꼼짝없이 마주하게 된다.

---

153) Japan Handler: 뒤에서 일본을 조종하는 미국 세력을 말한다. 이들은 미국의 군산업체와 밀접한 관계를 맺고 일본으로 하여금 군사를 최우선하게 한다. 옮긴이.

제2절

—

무엇의 승리인가

지금까지 '영속패전' 개념으로 일본의 현재와 가까운 과거를 파악하고자 했다. "일본은 패전과 침략, 그리고 식민지 지배로 얼룩진 과거에 대한 반성이 불충분하다."[154] 혹은 "일찍이 나라를 전쟁과 파멸로 몰아간 세

154) 특히 문제가 된 대중·대한 관계에서 일본이 아무것도 하지 않은 건 아니다. 주로 ODA(공적 개발 원조)를 통한 경제 원조가 '사죄와 반성의 형식'이라는 내용을 담고 있다. ODA와 전쟁 책임에 대해서는 두 가지 측면을 지적할 필요가 있다.

첫째, 차관 형식이 많아 그저 돈을 빌려줄 뿐이라는 비판과 조건을 붙여 자금 환류 경로를 확보한 후 원조가 이뤄졌다지만 사실상 배상과 마찬가지인 원조가 이·나라들의 발전과 사람들의 생활 향상에 기여한 점이다. 이런 측면에서 일본은 대외적 전쟁 책임을 전혀 취하지 않았다고는 말할 수 없다. 그러나 다시 하나 지적해야 할 것은 대중·대한 ODA가 실제 배상을 대신한다는 점을 일본이 부인해왔다는 사실이다. 이를테면 이와키 시게유키(岩城成幸)는 일중 양국의 대중 ODA 인식에 대해 다음 발언을 소개하는데 대중 ODA를 시작했던 오히라 마사요시(大平正芳) 총리(당시)는 국회에서 다음과 같이 답변했다.

'배상에 관해 말씀드리자면 중국은 배상을 청구하지 않기로 했습니다. 따라서 배상이든 배상에 관련된 어떤 것이든, 그런 사고방식에 입각하여 일중 관계를 생각하는 것은 옳지 않고 또한 중국의 의도도 그렇지 않다고 저는 생각하며….' 이에 대해 '중국 측은 포기했던 전후 배상을 대체하는 것이 대중 ODA 청구라고 인식하고 있다. 실제로 2000년 5월에 일본을 방문한 탕(唐) 외무장관은 일본 기자클럽의 강연에서 '중국을 향한 ODA는 전후 배상을 대신하는 행위'라는 인식을 드러냈다'(이와키 시게유키, 〈대중국 ODA 재검토 논의(對中國ODA 見直し論議)〉,《조사와 정보(調査と情報)》제468호, 국립국회도서관, 2005, 1~2쪽). 요컨대, 서로의 인식이 어긋났다고 말할 수밖에 없으나 일본은 이를 제대로 파고들려고 하지 않았다. 이는 불가피하게 패전 사실과 다시금 마주하게 되는 것을 의미하기 때문이다. 여기서 또다시 '영속패전' 구조를 발견할 수 있다. 그 대가는 결코 작지 않다. 왜냐면 ODA

력의 후계자들이 계속해서 권력을 독점해왔다."라는 비판, 바꿔 말해 "예전부터 안팎으로 이 나라는 패전의 책임을 진 적이 거의 없다."라는 비판은 지금까지 수없이 되풀이돼왔다. 이 책의 논의도 이런 전후 일본 사회 비판의 답습이며 특별히 새로운 내용이 담긴 것도 아니다.

영속패전 체제의 주역들도 이런 사정을 모르지 않는다. 예를 들면 이시바 시게루(石破茂) 자민당 간사장은 '헌법 개정으로 자위대의 국군화와 집단적 자위권 행사가 가능한 나라를 만드는 것이 정치인으로서 자신의 신념'이라며 '그렇게 하는 것이 전후 체제 탈각의 구체적 내용'이라고 밝혔다. 지금 그대로의 그들이 그것을 한다는 데서 어떤 정치적 정통성도 찾을 수 없다는 것은 앞에서도 이미 말했지만, 이시바는 이에 대한 자각이 있어 보이며 "(태평양)전쟁의 실태를 검증하지 않은 채 집단적 자위권 행사를 둘러싼 논의를 시작하는 것은 전사자에 대한 모독"이라고도 했다. 그는 그 이유를 다음과 같이 서술했다.

이것은 나의 지론이지만 전후 체제 탈각은 앞선 전쟁의 검증 없이는 불가능하다. 검증 프로젝트는 **아베 총리 주도로** 정부 차원에서 씨름해야 할 일이라고 본다.

종전 후 '일억총참회'[155]라는 말이 난무하고 왠지 모르게 전쟁이 국민

의 성격을 애매하게 만들어 대외적으로 '일본은 아무런 대가도 치르지 않았다'는 사실에 반하는 인상을 줄 여지를 만들어내는 한편, 대내적으로는 '이 나라들은 경제발전을 이뤄냈으면서도 과거를 담보로 계속해서 일본에게 치근대고 있다'는 불만의 원천을 조성해왔기 때문이다.

155) 一億總懺悔: 1945년 8월 15일 태평양전쟁 패전 직후 발족한 일본의 히가시쿠니노미야(東久邇宮) 내각은 '일억총참회'라는 표현을 통해 특정 집단이나 특정 개인, 예컨대 천황 같은 상징적 인물이 패전을 책임질 수 없다고 주장했다. 연합국 측은 독일의 히틀러나 이탈리아의 무솔리니처럼 '정치적 희생양'이 필요했고, 일본의 경우는 그 대상이 바로 천황이었다. 아울러 전쟁 수행에 주도적 역할을 했

의 잘못이 됐지만, 이는 그릇된 인식이다. 패전의 결과가 뻔히 보이는데도 개전을 결단한 당시 지도자들과 나라를 위해 목숨을 바친 병사의 책임이 똑같을 수는 없다.[156]

맞는 말이다. 하지만 이런 역사를 '아베 총리 주도'로 검증한다는 말에서 눈앞이 캄캄한 비현실성이 느껴진다. 본심으로는 고노 담화나 무라야마 담화를 파기하고 싶은 정치인이 이런 검증을 성실히 수행하기보다는 '낙타가 바늘구멍으로 들어가기(성경)'가 더 쉬울지도 모른다. '그릇된 인식'을 청산하려면 자민당을 재기 불능 상태로 파괴하겠다는 각오가 필요할 것이다. 그 정도 각오도 없는 주장은 공염불에 지나지 않는다. 그리고 지금 실없는 말이나 늘어놓고 있을 여유가 없다. 전후 줄곧 반복해온 진부한 비판을 계속하던 상황과 달리 이제 그 비판의 내용을 '실천해야' 하는 절박함이 오늘날 유례없이 빠른 속도로 절실해지고 있다. 왜냐면 지금 벌어지고 있는 사태의 새로운 국면은 이런 비판이 지적해온 사안 앞에서 더는 도망갈 수도 없고 숨을 수도 없는 상황이 됐기 때문이다.

생각해보면 당연한 비판을 정면으로 마주하지 않고 이 나라는 지금까지 역사를 잘도 써왔다. 물론 역사상 이런 궤도를 수정할 기회가 없지 않

던 정치인과 극우 집단, 재벌도 전범으로 처단돼야 했다. 그러나 일억총참회론은 전쟁이 특정 개인이나 집단의 잘못이 아니므로 국민 전체가 책임져야 한다는 주장으로, 이 해괴한 논리로 결국 천황은 전범에서 제외되었고, 도쿄 전범재판소에서 판결을 받은 죄인은 일본군 수뇌부와 정치인 몇 명뿐이었다. 전쟁에 대한 책임을 일본 국민 전체가 져야 한다는 주장에 따른다면 당시 일억 인구 각자에게 돌아가는 책임은 무(無)에 가깝다. 이처럼 일억총참회론은 "모두의 책임은 누구의 책임도 아니다."라는 모호한 결론으로 귀결되었고, 이는 일본 천황을 비롯한 전범들에게 사실상의 면죄부를 주었다. 옮긴이.

156) 이시바 시게루, 〈새로운 자민당을 만든다(新しい自民党をつくる)〉, 《文芸春秋》 2013년 2월호, 193쪽.

았다. 대표적인 예가 멀리는 1960년 안보개정 반대투쟁이었고, 가깝게는 1993년[호소카와(細川) 내각]과 2009년(하토야마 유키오 내각)에 실현된 정권 교체였다. 부분적으로나마 궤도 수정의 가능성이 있었겠지만, 그때마다 기회가 무산됐다. 그 결과 진작 유통기한이 끝났을 '전후' 시대가 여전히 아무렇지도 않은 듯이 계속되고 있다. 도대체 누가, 어떻게 해서 이어져 왔을까? 그것을 똑똑히 확인해야 한다.

'평화와 번영'의 공범 관계

전후의 지속을 가능케 한 최대 원동력은 일본 경제의 성공이며 이와 함께 확립한 동아시아 지역에서의 독보적 경제력이었다. 전후 일본의 국시인 '평화와 번영'이 서로 보완 관계였다는 근거는 흔히 말하듯 전후 일본의 군비 억제(경무장 친미 요시다 시게루 노선)로 풍요를 얻었다는 사실에만 있지 않다. 오늘날 '번영'은 이미 지난 일이 됐고, '평화'마저도 위협에 직면했다. 이런 현실은 이 사회에 뿌리내린 '평화'의 가치가 실제로는 얼마나 취약한지를 보여주는 방증이다. 이로써 '고매한 이념'은 사실상 전후 일본의 경제적 승리, 즉 동아시아에서의 앞선 경제력 덕분에 가능했다는 사실을 드러냈다.

이런 연유로 헌법상으로는 절대적인 평화주의를 규정하면서도 아시아에서 벌어진 전쟁(한국 전쟁 및 베트남 전쟁)을 경제 발전의 호기로 이용하고, '비핵 삼원칙'을 국시로 삼으면서도 미국의 핵우산을 당연한 전제로 받아들였다고 말하는 냉소주의는 지금 청산을 요구받고 있다. 그래야 결국 '평화주의'나 '부전(不戰) 맹세'같은 다테마에와 '호기로운 전쟁'이나 '핵무장'이라는 혼네 두 가지 중 어느 쪽이 우세할지 저절로 밝혀질 것이다.

　지금까지 좌파나 자유주의자들은 이런 기만의 해소를 요구받을 때마다 대체 무슨 일이 일어날 것이냐는 질문에 대답하기를 꺼려왔다. 질문이 너무나도 위험하기 때문이다. 즉 전후 일본 사회 권력의 중심을 차지한 세력의 속내가 어느 쪽에 있는지 명확한 만큼, '평화'를 지상 과제로 삼은 가치관이 일본 사회에 깊이 뿌리내린 것으로 간주한 채 '판도라의 상자'를 열지 않으려고 그 속사정은 불문에 붙여왔던 것이다. 다시 말해 이를 문제 삼는다면 반드시 주류파 지배세력의 혼네에 가까운 방식으로 냉소주의가 해소되리라는 예감 때문에 굳이 이를 언급하지 않는 것이 유리하다는 암묵적인 합의를 해왔다. 그러나 '전후'의 끝이 보이는 지금, 이런 의제는 역사의 진실과 마주할 수밖에 없다. 이에 대해 가사이 기요시는 다음과 같이 쓰고 있다.

　　대미 종속으로 '평화와 번영' 노선을 지지했던 일본인 다수는 일미 안보 체제가 필요하다고 생각하지만, 미국이 벌이는 전쟁에 되도록 휘말리지 않는 데 필요한 보증으로 헌법 제9조의 이용 가치를 인정해왔다. 국제 정세 변화에 따른 해석개헌은 할 수 없다고 해도 가능한 범위에서 소폭 개헌은 하고 싶다는 것이 (중략) 일본인의 혼네다.[157]

　결국, 일본 사회의 대세인 '절대평화주의'는 목숨 걸고 지켜야 할 가치

---

157) 가사이 기요시, 《8·15와 3·11》, 79쪽.

로 기능한 것이 아니라 실리적인 목적으로 편의상 받들어졌을 뿐이다. 이렇게 보면 해석개헌을 진행해서 대미 종속 구조가 청산되기는커녕 오히려 심화하는 것은 지극히 당연한 결과다. 엄밀히 말해 대미 종속 비판 세력은 실리주의에 불과한 이런 평화주의를 청산해야만 했다. 그러나 영속패전 구조의 근간을 차지하는 권력은 너무도 강고하고 타락해서 비판하는 대다수가 안전보장 문제를 기피했다.[158] 이렇게 해서 "평화주의는 전후 일본 사회의 중심적인 가치관으로 확고해졌다."라는 허구는 방치됐고, 비판 세력은 사고 정지 상태에 빠졌다. 그러는 동안 영속패전 구조는 더욱 강고해져서 바야흐로 본질이 적나라하게 드러난 사태에 봉착했다.

사고 정지가 가장 두드러지게 나타나는 예는 핵무기 논의에 등장하는 "유일한 피폭국인 일본은…"이라는 상투적 표현이다. 이 표현은 "어떤 형태로든 절대로 핵무기에 관계되지 않겠다."라는 표현으로 이어진다. 이 표현은 논리적으로 두 가지 결론에 다다른다. 하나는 공식적으로 "핵무기는 절대 안 된다."라는 의미고 다른 하나는 "두 번 다시 핵 공격을 받지 않도록 핵무장을 하겠다."라는 말이다. 이런 설정은 공상이 아니다. 예를 들면 이스라엘은 후자를 국시로 삼고 있다. 이스라엘의 국책은 민족 절멸 위기(홀로코스트) 경험에 비춰 어떤 수단을 동원해서라도 민족의 생존을 지켜낸다는 방침으로 일관하고 있다.

오해가 생길까 봐 미리 말해두지만, 나는 일본이 핵무장을 해야 한다고는 조금도 생각하지 않는다. 문제는 평화주의나 핵무기 반대를 이 국가·

---

158) 물론 예외도 있다. 대표적으로는 사회당의 유력자이자 사회주의협회 대표를 맡은 마르크스 경제학자 사키사카 이쓰로(向坂逸郎)다. 사키사카는 1977년 사회주의 정권이 수립된 그때 비무장 중립을 포기하고 바르샤바 조약기구 가입을 분명히 했다.

사회가 어떻게 형성하고 경험해왔는지, 그리고 그 속사정은 어떤지를 되묻는 것이다. "유일한 피폭국인 일본은…"이라는 구절 뒤에 "어떤 형태로든 절대로 핵무기에 관계되지 않겠다." 운운하는 말이 자동으로 이어지는 일은 또 하나의 논리적 가능성을 배제할 때 발생한다. 그것은 바로 사상의 쇠약이다. 두 가지 논리적 가능성을 받아들인 다음, 어렵사리 선택한 반핵이 아니라면 사상적 강도를 갖출 수 없다.

애초에 "유일한 피폭국인 일본은…" 다음에 "어떤 형태로든 절대로 핵무기와 관계되지 않겠다."라고 자동으로 덧붙이는 경우는 좌파나 평화주의자뿐 아니라 영속패전 구조의 중핵을 이루는 무리에서도 찾아볼 수 있었다. 다시 말해 이 말은 주류파 권력의 언어이기도 하다는 사실을 인식할 필요가 있다. 예를 들어 비핵 삼원칙에 관한 국회 결의에서 다음과 같은 발언이 있었다.

정부는 핵무기는 만들지도 보유하지도 반입하지도 않는다는 비핵 삼원칙을 준수하고 이와 함께 오키나와 반환 시에 적절한 수단으로 오키나와에 핵이 없게 하는 것과 반환 후에도 핵을 반입하지 않을 것을 명확히 하는 조치를 취해야 한다.(1971년 결의)

유일한 피폭국으로서 어떤 핵실험에도 반대하는 입장을 견지하는 우리나라는 지하 핵실험을 포함한 포괄적 핵실험 금지를 호소하기 위해 이후에도 한층 더 외교적 노력을 계속할 것.(1976년 결의)

이런 결의를 (종종 만장일치로) 반복하면서 이미 언급했듯이 미국과 오키나와 핵 밀약을 맺었고, 심지어 서독과 핵무장에 관해 논의까지 한 것이 바로 이 국가의 권력이었다. 그렇다면 비핵 삼원칙이나 '유일한 피폭국'임을 강조하는 이유는 무엇인지, 생각할 필요도 없이 곧 이해할 수 있다. 여기서 진지한 구석이라고는 전혀 찾아볼 수 없다. 그들이 진지하게 몰두하는 유일한 것은 국민을 속이는 일밖에 없다. 그리고 냉소주의를 자명한 사회 원리로 삼아버린 국민도 자신을 속여 왔다.

물론 이런 기만극은 일미 합작품이다. 하지만 그렇다고 해서 비난해야 할 대상이 미국이라는 말은 아니다. 오키나와 반환 교섭 당시 미국 분위기를 당시 미 국무부 차관 유렐 알렉시스 존슨(U. Alexis Johnson)은 다음과 같이 해설했다. 여기서 직접 언급한 것은 오키나와 반환 후 기지 사용을 내다본 문제지만 같은 논리는 핵무기 문제에도 그대로 적용된다.

우리는 일본에 자유 사용 조건을 강요하고 싶지 않았다. 그럴 경우 일본 측의 원망을 사거나 실제 운용 면에서 방해받았으리라 판단했기 때문이다. 일본이 어떤 계약에 동의하든 그 결정은 동아시아에서 미군의 존재가 일본의 안전에 필수불가결하다는 사실을 일본인이 납득한 다음에 이루어져야 한다는 뜻을 명확히 해두고 싶었다.[159]

존슨의 논지, "일본이 어떤 계약에 합의하든 그 결정은 동아시아에서 미군의 존재가 일본의 안전에 필수불가결하다는 사실을 일본인이 납득한 다음에 이루어져야 한다."라는 원칙은 민주주의 국가의 정론이라고 말할

---

159) 와카이즈미 게이, 《다른 대책이 없었음을 믿기 바란다—핵 밀약의 진실(核密約の真実)》(新装版), 文藝春秋, 2009, 371~372쪽에서 인용.

수밖에 없다. 물론 이런 '정론'은 미국의 자기기만이라고 어렵지 않게 지적할 수 있다. 미국은 일본 정부가 대내적으로 어떤 궤변이나 기만을 일삼든지 간에 계속적인 기지 사용과 비상시 핵 반입에 동의하기를 기대하고 있었기 때문이다. 그러나 그때 일은 아무래도 좋다. 이미 언급했듯이 잘못은 일본이 도덕성을 표방하기를 기대하는 미국 쪽에 있다. 문제는 일본의 보수 정치 세력 주류파가 이런 정론의 실행(일미동맹의 필요성, 기지 존치의 필요성, 핵우산의 필요성을 국민에게 납득시키는 일) 의무를 포기해왔다는 사실에 있다.

그리고 그들은 이런 의무를 이행하기보다는 거짓과 기만의 공중누각을 쌓아올리는 쪽을 택했다. 어떤 의미에서 그들에겐 매우 합리적인 선택이었다. 패전의 책임을 회피해온 무리와 후계자들이 국방의 책임을 운운할 리도 없고 애초에 자격조차 없기 때문이다. 이런 까닭에 그들은 공중누각을 지탱하기 위해 국민의 마음에 각인된 '핵무기는 너무나 잔혹해서 싫다'는 감정을 지렛대로 삼았다. 바로 이 지점에서 영속패전 체제 핵심 세력과 평화주의자 사이에 형성된 기묘한 공범관계가 뚜렷하게 드러난다.

이렇게 보면 평화주의자뿐 아니라 비록 '다테마에'에 불과하지만 전후 친미 보수파가 강조하는 '유일한 피폭국'이라는 말이 자동적으로 '핵무기는 절대 안 된다'는 명제로 이어지는 필연성이 설명된다. 이런 자동화가 계속되면, 우리는 "두 번 다시 핵 공격을 받지 않도록"이라는 말을 머리에 떠올리지 않게 된다. 다시 말해 자동화는 피폭의 책임과 의미를 감추게 한다. 이것이야말로 영속패전 체제가 노리는 진짜 목적이라고 할 수 있다. "두 번 다시 핵 공격을 받지 않도록"이라는 말은 좋든 싫든 이미 경험한 피폭을 상기시키기 때문이다. 물론 우리가 이유 없이 당한 것은 아니다. 원폭 투하는 천재지변과 다르다. 패전 끝에 '핵 공격을 받은' 것이다. 즉 이런 사태는 스스로 초래한 결과일 뿐이다. 원폭이 어떤 기능을 했고, 거기에 어떤 의미가 있는지는 뒤에서 검토하기로 하자. 그 과정에서 은폐가 영속패전 체제의 지상 과제라는 사실을 알게 될지도 모른다.

언젠가 중국 베이징에 있는 '중국인민 항일기념관'을 방문한 적이 있었다. 그곳 방명록에서 가장 많이 보았던 글자가 '恥'였다. 즉 일본의 침략으로 수많은 희생자가 생겼던 사건은 '분노' 이상으로 '수치스러워할' 일이었다. 반대로 사사건건 '나라의 긍지' 같은 헛구호를 외치는 일본의 자칭 '내셔널리스트'들은 웬일인지 피폭이 '수치스럽다'고 생각하지 않는다. 내가 아는 한 그런 사람은 아무도 없다. 상식적으로 봐도 불가사의하기 짝이 없는 일이다. 이미 밝혀졌듯이 핵무기는 인종차별이나 인체실험, 과학자의 전쟁 협력 동기 유지, 소련 견제 등 요인으로 고무돼 실제 사용됐다. 우리는 이와 마찬가지로 실험대이자 도구가 됐다. 따라서 피폭의 경험은 비참의 끝만을 보여준 것이 아니라 치욕의 경험이기도 했다. 그런데도 영속패전 체제의 '내셔널리스트' 중 누구도 이렇게 느끼지는 않으려고 한다. 왜냐면 그러다 보면 원폭 투하를 '치욕'으로 느껴야 하는 주체는 바로 이런 사태를 초래한 '부끄러운' 당시 정부였다는 자각으로 직결되기 때문이다.

이처럼 일본 사회에 핵무기 반대 신조가 생긴 근거는 단지 막연하게 '핵무기는 잔혹해서 싫다' 정도에서 찾을 수 있을 뿐이다. 또한, 경제가 쇠퇴하는 과정과 맞물려 기억마저 희미해지면 이런 신조마저 사라질 것이다. 만약 전후 일본 경제가 장기 침체돼 국민의 빈곤이 계속됐다면 일본인의 핵무기에 대한 태도가 어떠했을지 상상해보라. 바이마르 독일에서 일어났던 일(나치의 대두)이 다시 반복된다고 해도 전혀 이상하지 않다. 경제적 성공이 평화주의를 지탱해왔다는 두 번째 의미가 여기에 있다.

그렇다면 '가난한 일본'으로 돌아갔을 때, 도대체 무엇이 드러나고 어떤 모습을 보일 것인가. 그것은 패전을 겪고도 이를 부인함으로써 살아남은 것, 즉 '국체'다. 포츠담 선언 수락 시 양보하지 않았던 조건이 '국체 호지'였다는 사실을 지금 우리는 반드시 상기해야 한다.

전후의 국체

영속패전을 둘러싼 정부와 사회 구조는 전전의 천황제 구조와 실로 흡사하다. 일찍이 구노 오사무[160]와 쓰루미 슌스케[161]는 메이지 헌법 체제의 천황제를 '밀교(密敎)와 현교(顯敎)'의 비유를 통해 소상히 설명한 바 있다.[162] 다시 말해 메이지 헌법은 '천황을 신성불가침한 존재'로 규정하는데, 이런 '살아있는 신, 천황'은 '현교'로 대중을 고분고분하게 만들어 통치하고, 또 적극적으로 동원할 수 있게 하는 장치였다. 그러나 메이지 공신들은 겉으로 '천황 친정(親政)'을 내세우면서도 실제로는 입헌군주제 국가의 권력을 쥐고 휘둘렀다. 이것이 바로 전전 천황제의 '밀교'적인 부분이다. 법학 지식이 부족한 사람들이 볼 때 꽤 어려운 개념이지만, 훗날 미노

<hr>

160) 久野収(1910~1999): 일본의 철학자·평론가로 전후 민주주의 형성에 크게 기여했다. 옮긴이.

161) 鶴見俊輔(1922~2015): 일본의 철학자·평론가로 전후의 진보적 문화인을 대표한다. 옮긴이.

162) 구노 오사무·쓰루미 슌스케,《현대 일본의 사상—그 다섯 개 소용돌이(現代日本の思想—その五つの渦)》, 岩波新書, 1956, 117~182쪽. (이 책은 1994년 국내에 문학과지성사에서《일본 근대 사상사》라는 제목으로 심원섭 번역으로 출간됐다. 옮긴이)

베 다쓰키치[163]는 '천황기관설'[164]을 주창하며 대일본제국 헌법 체제의 이런 밀교적 부분을 해명했다. 당시에는 이 학설을 터득해야만 대학입학과 문관임용 시험에 합격할 수 있었는데, 국가의 근본 구조를 이해하지 못하면 전전 일본 사회의 엘리트 자격이 없었다는 사실을 시사하는 대목이다.

그러나 다이쇼를 지나 쇼와 시대에 접어들면서 대중의 정치 참여 기회가 늘었다. 이에 따라 현교와 밀교의 통치술은 걷잡을 수 없는 붕괴의 길을 걷게 된다. 이는 전전 천황제의 현교적 부분이 밀교적 부분을 침식하여 마침내 집어삼키는 과정이라고 할 수 있다. 군대 통수권 침범 문제가 그 전형을 보여줬듯이,[165] 공신들이 사라지고 나서 등장한 정당 정치인들은 파워 엘리트의 한 축이 됐으면서도 대중을 상대로 설정했던 현교 논리에 스스로 말려들었다. 결과적으로 정당 정치인보다 군부 쪽이 더 완벽하게 '천황 친정'을 체현할 수 있는 세력으로 국민의 기대를 받게 됐고, 정치인들은 스스로 자기 무덤을 파기에 이르렀다. 이 과정에서 미노베 학설은 불온하다는 이유로 부정돼 우에스기 신기치[166] 등이 주창한 천황주권설로 대체

---

163) 美濃部達吉(1873~1948): 일본의 헌법학자. 다이쇼 시대 민주주의를 대표하는 이론가. 옮긴이.

164) 天皇機關說: 천황은 일본의 고유한 특성을 상징하는 존재이기는 하지만 국가의 통치권을 위임받은 최고 기관일 뿐이라는 주장이다. 이런 학설은 사실상 천황이 국가 법률의 지배를 받아야 한다는 주장으로 천황의 권력이 선거를 통해 구성된 정부기관보다 크지 않다는 것을 의미한다. 이 학설은 당시 진행되던 헌정옹호운동 등 다이쇼 시대 민주주의적 개혁 운동에 이론적 기반을 제공했다. 그러나 1930년대 국수주의 분위기가 팽배하고 전쟁 준비가 이루어지던 상황에서 이 학설은 거센 비판을 받았고 주창자인 미노베 다쓰키치의 저서는 제2차 세계대전이 끝날 때까지 발매 금지됐다. 옮긴이.

165) 1930년, 야당 정우회는 런던 해군군비축소조약을 체결한 하마구치(浜口) 내각이 통수권 독립을 침해했다는 이유로 공격하기 시작했다. 이를 틈타 해군 군령부와 우익 세력도 정부를 공격하기에 이르렀고, 이는 정부가 군부를 통솔하는 힘을 잃는 계기가 됐다.

166) 上杉慎吉(1878~1929): 메이지에서 쇼와 시대에 걸쳐 활동했던 일본의 헌법학자. 천황주권설을 주창하며 천황기관설 지지자들과 논쟁을 벌였다. 옮긴이.

(1935년, 국체명징성명[167])됐다. 천황제의 현교적인 부분이 밀교적인 부분을 집어삼킨 것이다. 더욱이 최종적으로는 '어전회의'에서 미국과 영국을 상대로 개전을 결정했으며 포츠담 선언 수락도 '천황의 결단'이라는 식으로 '천황 친정'이 실현됐다. 이는 메이지 국가체제의 다테마에가 완성된 순간이자 붕괴하는 순간이기도 했다. 아이러니하지만 필연적이기도 하다. 근본 원리(이중성)를 잃어버린 체제가 존속할 리 있겠는가. 그러나 그 체제는 방식을 바꿔 살아남았다.

전전 체제의 근간이 천황제였다면, 전후 체제의 근간은 영속패전이다. 영속패전을 '전후의 국체'라고 말해도 좋다. 그렇다면 전전 천황제의 이중성은 영속패전 구조에서 어떻게 기능할까?

영속패전은 '패전'이라는 사건을 어떻게 소화하고 승인하느냐는 차원에서 기능한다. 즉 권력은 대중을 위한 '현교' 차원에서 일본은 '전쟁에서 진 것이 아니라 전쟁이 끝난 것이다'라고 패전의 의미를 되도록 희석하는 방향으로 기능해왔다. 이때 '평화와 번영' 신화가 크게 이바지했다. 현교 차원을 보완하는 '밀교'는 대미 관계에서의 영속패전, 다시 말해 무제한적이고 항구적인 대미 종속을 긍정적으로 생각하는 파워 엘리트들의 지향이다. 앞에서도 보았듯이 기시 노부스케는 '진정한 독립'을, 사토 에이사쿠는 '오키나와가 반환되지 않는 한 전후는 끝나지 않는다(반대로, 오키나와

---

167) 国体明徴声明: 1935년, 귀족원 의원이던 육군 중장 기쿠치 다케오(菊池武夫)는 당시 학계 통설이던 천황기관설이 국체에 반한다고 비난하는 연설을 했다. 천황기관설의 주창자이자 귀족원 의원이던 미노베 다쓰키치는 이를 반박했으나, 천황기관설과 그에 대한 공격은 끊이지 않았다. 결국, 미노베는 귀족원 의원직을 사퇴했으며, 오카다 내각도 우익과 군부의 반발을 두려워하여 국체명징성명을 발표하고, 미노베의 저서를 발행 금지했다. 이로 인해 통설이던 천황기관설은 급속히 힘을 잃고, 천황주권설이 대두했다. 옮긴이.

반환으로 전후는 끝났다)'는 것을, 나카소네 야스히로는 '전후 정치의 총결산'을, 아베 신조는 '전후 체제의 탈각'을 주창했다. 그러나 이미 살펴봤듯이 이 영속패전 체제 대표 주자들의 진짜 의도는 자신이 내건 슬로건을 절대로 실현하지 않는 데 있다. 오늘날 영속패전 체제의 핵심에 있는 사람들도 자신의 굴종 상태를 자각하지 못할 정도로 패전을 내면화하고 있다.

그리고 현교와 밀교 사이 교의적 모순은 아시아와의 관계에서 분출하고 말았다. 일본이 대미 관계에서 패전의 결말을 무제한 수용하고 있는 이상, 현교 차원을 유지하려면 아시아에는 패전 사실을 부인해야 했다. 그러나 이는 그나마 동아시아에서 일본의 경제력이 압도적 우위를 차지할 때나 가능한 구도였다. 오늘날 경제적 우위성에 변화가 생기면서 영속패전 체제는 수명을 다했다. 필연적인 귀결이다.

지금 우리는 전전 체제의 붕괴 드라마를 다시 한 번 목격하고 있다. 즉 현교적인 부분이 밀교적인 부분을 침식하면서 집어삼키는 바로 그 형국을 말이다. 대중에게 현교로 내걸었던 '우리는 패배하지 않았다'는 심리적 각인이 봉인을 풀고 거만한 내셔널리즘 형태로 드러나고 있다. 그러나 영속패전 체제의 주역들은 이를 막을 능력이 없다. 왜냐면 이들이야말로 '패배'의 책임을 지지 않은, '우리는 패배하지 않았다'는 심리를 국민 대중에게 심어주고 자신의 전쟁 책임을 회피한 장본인들의 후계자이기 때문이다. 더구나 영속패전 체제의 현교적 영역을 부정하는 일은 그들의 정치적 정통성, 다시 말해 전후 체제의 총체적인 정통성에 직격탄을 날리는 일이어서 그런 사태는 벌어지지 않는다.

마르크스가 남긴 "역사는 반복된다. 한 번은 비극으로, 또 한 번은 희극으로"[168]라는 명언에 이토록 잘 맞는 사례가 또 있을까? 조금 자기도취적으로 표현하자면, 막부 말기 개국부터 메이지 유신, 일청전쟁과 일러전쟁, 그리고 패전에 이르는 일본 근대사 과정은 식민지가 되지 않으려고 전력을 기울이다가 파국에 이른 비극의 역사였다. 근대화를 추진하기 위한 이중 장치였던 천황제는 그 과정에서 막대한 역할을 하고 나서 스스로 무너졌다. 이에 대해 우리가 지금 침울해하기만 한다면 헛된 인생이 될 것이다.

하지만 마르크스의 명언이 근거로 삼았던 헤겔의 생각은 애초에 이렇게 말하고 싶었던 것이 아닐까? "위대한 사건은 두 번 반복됨으로써 비로소 그 의미를 이해할 수 있다."[169]라고 말이다. 그렇다면 '국체'가 두 번 죽지 않는 한 우리는 그 의미를 이해하지 못할지도 모른다.

'전후의 국체' 성립 과정

그래도 우리는 역사를 돌아봄으로써 최소한 '국체 호지'의 의미를 파악할 수는 있다. '국체'는 제2차 세계대전에서 패전을 극복했다. 다시 말해

---

168) 마르크스는 《루이 보나파르트의 브뤼메르 18일(ルイ·ボナパルトのブリュメール18日)》(平凡社ライブラリー)에서 '세계 사상의 대사건과 대인물은 두 번 나타난다'라는 헤겔의 말에 이 잠언을 덧붙였다. 구체적으로 말하자면 '첫 번째'는 나폴레옹의 쿠데타, '두 번째'는 루이 보나파르트의 쿠데타를 가리킨다. '두 번째'는 대사건의 발생에 구조적 필연성이 있음을 내포한다.

169) '국가의 대혁명이란, 그것이 두 차례 반복됐을 때 이른바 사람들에게 옳게 공인되는 것입니다. 나폴레옹이 두 번 패배하거나 부르봉 왕가가 두 번 추방된 것을 예로 들 수 있습니다. 처음에는 단순한 우연 내지는 가능성이라고 생각하던 것이, 반복되면서 분명한 현실이 되는 것입니다.' 헤겔, 《역사철학강의(歷史哲学講義)》하권, 하세가와 히로시(長谷川宏) 역, 岩波文庫, 1994, 151~152쪽. 이 책은 국내에 여러 차례 번역, 출간됐다. 최근에는 2008년 같은 제목으로 동서문화사에서 권기철 번역으로 출간됐다. 옮긴이.

'영속패전'이라는 대가를 치르고 패전으로 승리했다. 그런데 '패전으로 승리한다'는 말은 구체적으로 무엇을 의미하는 것일까?

일본의 친미 보수 세력과 미국의 세계전략으로 형성된 영속패전 체제 핵심에 일미 안보 체제가 존재한다는 사실은 새삼 지적할 필요도 없다. 여기서 문제는 이런 '새로운 국체'가 어떻게 형성됐는지, 또 어떤 과정으로 전전의 국체와의 연속성을 확보했는지를 밝히는 데 있다.

이와 관련해 도요시타 나라히코는 가토 노리히로가 《패전후론》으로 논쟁을 일으켰던 시기에 《안보조약의 성립—요시다 외교와 천황 외교》 (1996)를 출간하면서 중대한 가설 하나를 제기했다. 바로 1951년 안보조약은 "승전국과 패전국의 압도적인 격차를 배경으로 미국의 이해득실에 따라 일본에게 강요됐다."라는 가설이다. 이로써 도요시타는 그간 세간에 널리 공유되면서도 막연한 수준에 머물렀던 역사 인식을 대폭 뒤집었다. 또한 그는 《안보조약의 성립》부터 《쇼와 천황과 맥아더 회견》(2008)에 이르는 일련의 연구를 통해 샌프란시스코 강화조약과 함께 조인된 일미 안보조약이 노골적인 불평등조약[170]이 된 이유를 밝혔다. 또 "상징 천황제 형태의 천황제 존속과 평화헌법(그리고 그 이면의 미군 주둔)은 한 쌍으로 전후 체제를 받치는 두 개의 기둥"이라며 그때까지 막연하게 의식돼온 통치 구조의 구체적 성립 과정을 밝히면서 쇼와 천황이 '주체적'으로 행동한 근거를 설득력 있게 추론했다.

---

170) 1951년 체결된 일미 안보조약의 불평등성은 다음과 같다. 미군의 일본 주둔은 일본 측의 요청으로 이뤄졌기에 '권리'이며, 따라서 미군은 일본을 침략자로부터 방위할 '의무'를 지지 않고 언제든 자유롭게 철수할 수 있다. 다음으로, 미군은 일본의 내란에 개입할 수 있다. 그리고 '극동'의 범위를 규정하지 않는 '극동 조약'에 따라 미군은 아무 제약 없이 일본 국내의 군사기지를 여러 작전행동에 활용할 수 있다. 그 밖에도 관련 '행정협정'에 따라 미군병사나 가족의 '치외법권' 공인 등을 들 수 있다.

도요시타가 외무성과 궁내청의 불충분한 자료 공개와 비밀주의로 어려움을 겪으면서 설득력 있게 추론하고 있는 것은, 당시 외무성은 결코 무능하지 않았고 안보조약이 극단적으로 불평등해지지 않도록 준비했지만, 결과적으로 일미 안보 교섭에 나선 요시다 외교가—통설과 달리—졸렬해질 수밖에 없었던 이유이다. 그것은 다름 아니라 쇼와 천황이 밖으로는 공산주의 세력의 침입과 안으로는 반대 세력의 봉기를 두려워해 미군이 계속해서 주둔하기를 간절히 바라면서 구체적으로 행동했던(덜레스와 접촉하는 등) 흔적이다.

조약 체결 교섭 당시 결정적으로 중요한 문제는 미국과 일본 중 어느쪽이 미군 주둔을 희망하느냐는 것이었다. 물론 '희망'을 먼저 말하는 쪽이 교섭의 주도권을 상대방에게 내주게 된다. 따라서 외무성과 요시다 총리는 한반도 정세가 절박해짐에 따라 미군에게도 일본 주둔은 생사가 걸린 이해득실 문제라는 점을 충분히 인식하고 '반반의 논리'[171]를 주장할 준비와 태세를 갖추고 있었다. 그러나 결국 이런 입장을 포기했는데, 도요시타에 따르면 이는 "쇼와 천황이 때로 요시다와 맥아더의 교섭을 무시하고 미군이 계속해서 일본에 주둔하기를 '희망'한다고 호소했기 때문"[172]이다. 그 결과 1951년의 안보조약은 "덜레스의 최대 획득 목표였던 '바라는 대로 군대를 바라는 장소에 바라는 기간만큼 주둔시킬 권리'를 문자 그대로

---

171) 도요시타 나라히코, 《안보조약의 성립—요시다 외교와 천황 외교(安保条約の成立—吉田外交と天皇外交)》, 岩波新書, 1996, 75쪽.

172) 본론은 도요시타의 지론에 기반하여 기술했다. 이 지론에 오류가 있을 가능성 또한 당연히 존재하며, 가령 그렇다면 쇼와 천황의 생각이나 행동이 왜곡돼 전해졌다는 말이 된다. 그러나 도요시타의 지론은 신중한 절차와 합리적 사고를 거쳐 성립한 것이다. 문제의 과정에 관한 대부분 역사 자료 공개를 꺼리는 현재 외무성과 궁내청의 태도는 도요시타의 지론이 옳다는 것을 사실상 인정하는 것으로 받아들일 수밖에 없다.

미국 측에 '보장'한 조약"[173]으로 마무리됐다. 또 이 과정에서 오키나와를 요새화하는, 즉 다시 희생양으로 삼는 조처도 결정됐다. "요컨대, 천황에게 는 안보 체제야말로 전후의 '국체'였던 셈이다."[174] 그리고 바로 이때 영속 패전은 '전후의 국체' 자체가 됐다.

《영령의 목소리》에서 쇼와 천황의 전쟁 책임을 직시하고,[175] 고도성장 이 실현된 전후 일본 사회에서 일어나는 정신적 퇴폐(이것이 바로 이 책에서 말하는 '영속패전'이다)의 원흉을 '평화와 번영'에서 찾은 미시마 유키오에 게는 확실히 혜안이 있었다. 미시마는 일미 안보 체제를 쇼와 천황이 주선 했을 가능성 등을 알 리 없었겠지만 직감으로 사태의 본질을 간파했던 것 으로 보인다. 단지 앞서 말했듯이 전쟁에 대한 쇼와 천황 개인의 책임(나아 가 일미 안보 체제에 대한 책임)만 지적한 것은 아니다. 역사적 사실의 탐구 와는 별개로 책임의 유무는 정치적으로 어떻게든 '논증'할 수 있다. 또 전 후 천황의 전국 행차 광경에서도 드러났듯이 국민 다수는 쇼와 천황이 패 전 후에도 계속해서 천황으로 남는 것을 스스로 인정했다. 따라서 '국체' 라고 불리는 일개 시스템의 의미와 기능을 잘 생각해 보는 것이 중요하다. 국체는 미국을 끌어들여 패전을 뛰어넘고 항구적인 자기 유지에 성공했 다. 안보 체제를 확립하고 포츠담 선언 수락의 조건으로 내걸었던 '국체 호지'의 궁극적 의미는 미국이 국체를 지탱하게끔 하는 것에 다름없었다.

173) 도요시타 나라히코, 《안보조약의 성립―요시다 외교와 천황 외교》, 191쪽.

174) 도요시타 나라히코, 《쇼와 천황·맥아더 회견(昭和天皇·マッカーサー会見)》, 岩波現代文庫, 2008, 128쪽.

175) 미시마 유키오(三島由紀夫)의 《영령의 목소리(英霊の聲)》는 1966년 발표됐다. 2·26 사건에서 처형된 장교와 특공대 병사의 영이 영매사에게 깃들어 '왜 천황은 인간이 돼버렸느냐'며 천황을 향한 원통함을 토로한다.

국체란 무엇인가

우선 따져봐야 할 것이 있다. 전전 시기에 변혁을 시도하는 자는 치안유지법에 따라 사형을 받는다고 규정했던 '국체'의 원래 개념은 무엇인가? 가타야마 모리히데[176]는 특이한 국체론을 펼쳤던 사토미 기시오[177]를 언급하며 다음과 같이 말한다.

> 사토미는 미토학(水戸学)[178]이나 《국체의 본의》[179]에서도 강조하지 않았고 요시다 시게루도 결코 언급하려고 하지 않았던, '국체의 핵심'이라고도 말할 수 있는 것을 적나라하게 보여줬다. 단적으로 말해 그것은 희생을 강요하는 시스템으로서의 국체다.[180]

사토미의 국체론은 전시에 다수 배출된 광신적이고 무분별한 이데올로그들의 국체론과 다르다. 사토미는 제목부터 이채로운 저서 《국체에 대한 의혹(国体に対する疑惑)》, 《천황과 프롤레타리아(天皇とプロレタリア)》 등을 통해 전전을 떠들썩하게 했던 '천황 폐하의 백성'이나 '일군만민(一君

---

176) 片山杜秀(1963~): 일본의 정치학자. 옮긴이.

177) 里見岸雄(1897~1974): 일본의 사상가로 국체학의 창시자로 알려졌다. 옮긴이.

178) 에도 시대에 미토 번을 중심으로 형성된 유학 사상. 주자학을 바탕으로 역사를 연구하는 데 중점을 둔 전기 미토학과 존왕사상을 주장한 후기 미토학이 있다. 후기 미토학은 천황의 권위를 바탕으로 막부 중심의 정치 개혁을 시행해야 한다고 주장했다. 옮긴이.

179) 《国体の本義》: 1937년 현인신(神) 천황관을 담아 문부성이 펴냈던 책자. 옮긴이.

180) 가타야마 모리히데(片山杜秀), 《국가의 죽음(国の死に方)》, 新潮新書, 2012, 211쪽.

萬民)'[181]이나 '일시동인(一視同人)'[182] 같은 개념을 실제로 실현할 방법(다시 말해 근본적인 사회개혁)을 추구하는 동시에 이런 개념으로 농간이나 부리는 이데올로그들을 가차 없이 비판했다. 따라서 '희생을 강요하는 시스템으로서의 국체' 이론은 공허한 것이 아니다.

가타야마가 정리한 바에 따르면 사토미의 이론은 국가를 두 개의 사회로 구성된 것으로 파악하고 있으며, 꽤 현대적인 논리로 구성돼 있다. 첫째 사회는 저마다 자신의 욕망과 욕구를 마음껏 추구하는 '이익 사회'다. 그러나 '이익 사회'의 원리만으로는 천재지변이나 전쟁처럼 사회 외부에서 가해지는 위협에 완전히 무방비 상태일 수밖에 없다. 자신을 희생하면서까지 이익 추구를 단념하지 않으려고 하기 때문이다. 이런 이유로 국가가 존속하려면 자기 이익보다는 국가를 지키려는 동기가 생겨야 한다. 사토미는 그 동기를 만들어내는 것이 최고의 통치이며, 결코 허세 부리지 않는 황조황종[183]과 아마테라스오미카미[184]에게 고개 숙이는 겸손한 군주(천황)에 대한 신민 일동의 감격이라고 말한다. 이런 감격이 고조되면 목숨을 바쳐서라도 이 멋진 세계(국체)를 지키고 싶다는 동기가 생긴다는 것이다. 이것이 바로 '희생을 강요하는 시스템으로서 국체'의 메커니즘이다.

그리고 패전으로 터무니없이 타격을 받은 것도 바로 이 '감격'이었다. 그 중심에는 말할 것도 없이 쇼와 천황이 있다. '감격'의 세계 중심에 살아

---

181) 도쿠가와 봉건시대에 나온 개념으로 한 군주에게만 권위나 권한을 허용하고 그 밖의 신하와 인민 사이에는 원칙적으로 일체의 차별이나 신분 차이를 인정하지 않는 사상. 옮긴이.

182) 모든 이를 차별 없이 평등하게 대하는 것. 옮긴이.

183) 皇朝皇宗: 천황의 시조부터 당대에 이르는 천황까지 역대 천황을 이르는 말. 옮긴이.

184) 天照大神: 일본의 최고신. 일본 천황의 조상신으로 알려졌다. 옮긴이

있는 천황이 존재하는 한, 당연한 일이었다. 8월 15일 이후 패전을 책임질 기미도 없고 국민에게 사죄도 하지 않는 천황이 맥아더에게 달려가 기념사진이나 찍고 있자, 전함 무사시(武蔵)에서 살아남은 해군 소년병 와타나베 기요시(渡辺清)는 그의 귀환수기《산산조각 난 신》에서 "천황귀일[185] 정신도 이제는 무참히 무너져버렸다. 천황에 대한 한결같은 나의 생각은 현실의 천황과는 아무 상관없었다. 덧없는 나 혼자만의 생각일 뿐이었다."[186]라고 말한다. 이 책은 바로 이 '감격'이 무너지는 과정의 기록이라고 볼 수 있다. 그리고 와타나베의 분노는 천황뿐 아니라 전시에는 황국 이데올로기를 외치다가 패전을 기점으로 갑자기 말을 바꾼(변절한) 언론, 교육자, 지식인 계층을 향한다. 아울러 멍하니 패전을 받아들인 주변의 보통 사람들에게도 분노한다. 그는 '감격할 만한 세계' 따위는 애초에 존재하지 않았다는 사실을 깨달은 것이다. 그 후 국체는 어떻게 됐을까? 가타야마 모리히데의 말을 조금 더 들어보자.

'포츠담 선언'은 일본에서 군국주의를 완전히 배제하고 평화주의를 철저히 실행하라고 명령했다. 천황과 국민이 서로 화합(君民相和)하는 국체는 평화주의와 공존이 가능했기에 살아남았고, 요시다 시게루는 '국체가 불변'이라고 말했으나 희생 사회 쪽 국체는 깨끗이 씻겨나갔다. 그런 의미에서 국체는 호지되지 않았다. 하나의 나라가 확실하게 죽었다. '국체보다 소중한 목숨은 없던 나라' 대신 '사람의 목숨이 지구보다 소

---

185) 天皇歸一: 모든 것이 천황에게 수렴되는 것. 옮긴이.
186) 와타나베 기요시,《산산조각 난 신―어느 복원병의 수기(砕かれた神―ある復員兵の手記)》, 岩波現代文庫, 2004, 40~41쪽.

중한 나라'가 들어섰다.

국가가 국민에게 죽으라고 절대로 말할 수 없는 나라. 어떤 새로운 희생의 논리도 수용될 수 없는 나라. 희생 사회는 적어도 표면상으로는 털끝만큼도 그 존재를 인정받지 못하게 됐고, 이익 사회만 남았다. 그 나름대로 훌륭하지만, 거기에는 역시 죽어버린 국체가 남긴 커다란 공백이 있다.[187]

전후 일본에 "커다란 공백이 있다."는 가타야마의 결론은 옳다. 하지만 그 원인이 어디에 있느냐는 논의는 납득하기 어렵다. 즉 포츠담 선언 내용이 공백을 만들어낸 것은 아니다. 실제로 재무장을 사실상 완료하고, 잠재적 핵무기 사용 능력을 길러 군국주의 유산을 은밀히 활용하려는 시도가 활발해질수록(결국, 포츠담 선언의 내용에서 멀어질수록) 영속패전 체제는 강화됐고, 전후 일본이 떠안고 있는 구조적 부패는 점점 더 극단으로 치달았다.

확실히 '희생의 시스템'으로서 국체는 죽었다. 하지만 그것은 평화헌법 때문도 아니고 자위대가 국방군을 자처하기 때문도 아니다. 이 나라에서 영속패전 체제를 전제하는 한, 누구도 희생을 요구하는 것이 이치에 맞지 않기 때문이다. 수많은 사람이 희생되고 패전에 이르렀으나 책임을 지지 않을뿐더러, 적국이었던 나라에 빌붙어 적국의 군대가 주둔하기를 촉구하면서까지 자기 보신을 도모한 자들과 그런 자들을 추종하며 권력을 유지해온 무리와 그 후예가 요구하는 희생은 개죽음이나 다를 바 없다. 이

187) 타야마 모리히데,《국가의 죽음》, 213쪽.

런 이유로 희생의 요구든 희생의 실천이든 늘 국체가 사라진 '커다란 공백' 탓으로 그 가치가 줄어들기 마련이다. 예컨대 중병을 앓으면서도《다른 방책이 없었음을 믿어주기 바란다》를 무리하면서까지 집필해서 오키나와 핵 밀약의 존재를 산증인의 입장에서 폭로한 와카이즈미 게이(若泉敬)의 행동이 그 전형이다. 그는 이 책에서 전후 일본 사회를 '바보들의 낙원(fool's paradise)'이라고 부르며 비판했다.[188] 하지만 마치 우국지사처럼 비장하게 구는 그의 태도는 결국 우스꽝스러울 수밖에 없었다. 왜냐면 저자 자신이 바로 '바보들의 낙원'(국민에게 희생을 강요할 내적 근거가 없는 나라)을 유지하는 데 가담한 공범자이기 때문이다.

그리고 지금 영속패전 체제의 주도자들은 이 체제를 유지하고 '새로운 국체'에 더 깊이 의존하면서 또다시 '희생의 시스템'을 구축하려고 하고 있다. 물론 거기에는 아무 '감격'도 없고, 있을 것 같지도 않다.

국체의 승리

앞서 언급한 와타나베 기요시가 경험한 정신적 위기는 더없이 심각했다. 왜냐면 그가 생각했던 '국체'(즉 감격으로 충만한 공동체 세계)는 패전으로 파괴된 것이 아니라, 애초에 존재하지 않았다는 사실에 직면했기 때문이다. 이런 상황은 현재의 자신만이 아니라 과거의 자신, 즉 현재의 그를 그답게 하는 정체성이 뿌리째 뽑히는 경험이었다. 그런데도 국체는 우리

---

188) 와카이즈미 게이,《다른 대책이 없었음을 믿기 바란다》, 616쪽.

가 살펴본 바와 같이 어떤 의미에서는 '호지'돼왔다. 그렇다면 이 누에[189] 같은 국체란 대체 무엇인가. 파악하기 어려웠던 그 본질은 국체가 갈 데까지 가서야, 다시 말해 '국체 호지'를 성공시켰던 종전 무렵 정치 과정에서야 분명하게 모습을 드러냈다.

알다시피 8월 15일 이전에는 전쟁 지도자들이 악화일로에 있는 전황에도 국민을 향해 '일억의 불덩어리'가 돼서 '본토 결전'으로 최종적인 승리를 거두자고 부르짖고 있었다. 그런데 8월 9일 소련의 대일전 참전과 두 번째 원폭 투하로 포츠담 선언이 '천황의 결단'으로 마침내 수락되기에 이른다. 이리하여 본토 결전을 피할 수 있었다. 많은 일본인은 이런 결단이 때늦긴 했지만 더 비참한 상황을 모면했다는 의미에서 어쨌든 당연하고 잘한 판단이었다고 생각한다. 하지만 전쟁을 끝내려는 판단이 이 시점에서 나올 수밖에 없었던 필연성 따위는 전혀 없다. 전투의 귀추로 봤을 때 승부는 이미 판가름 난 상태였다. 이 시점에서 전투가 끝남으로써 죽음으로 내몰리는 사람들의 숫자는 더 늘어나지 않았던 것은 분명한 사실이다. 그러나 병사들에게 오로지 명예로운 죽음을 강요했던 당시 군국 지도자들이 근본적으로 희생자를 줄이는 데 관심이 있었을 리 없다. 다시 말해 항복 결단은 더 많은 국민의 생명을 지키려는 의도에서 나온 선택이 결코 아니었다. 그렇다면 왜 본토 결전을 피했을까. 다수의 증거가 말해주듯이 전쟁을 계속한다면, 다시 말해 본토 결전은 '국체 호지'를 안팎으로 위태롭게 한다는 예측이 종전의 결단으로 이어졌을 뿐이다. 실제로 당시 동맹국이었던 나치스 독일은 '본토 결전'을 감행했다가 결국 총통이 자결하고 정부

189) 鵺: 머리는 원숭이, 사지는 호랑이, 몸통은 너구리, 꼬리는 뱀, 소리는 호랑지빠귀를 닮았다는 전설적인 괴물. 옮긴이.

가 소멸하고 나서야 전쟁을 끝냈다. 일본의 경우 그것은 국체 자체의 소멸을 뜻한다. 따라서 가사이 기요시의 다음과 같은 문제 제기는 정당하다.

'종전'을 저지하려는 육군의 쿠데타 계획이 성공해서 본토 결전이 실현됐다면, 그 희생자 수는 어림잡아 200만이나 300만을 넘었으리라고 한다. 오키나와 전투에서 전사자는 11만 명, 민간인 사망자는 10만 명으로 오키나와 주민의 3분의 1에 이르기 때문이다. 이것도 조심스럽게 줄여서 말한 숫자다. 따라서 본토 결전의 결과는 참담했을 것이다. 이 참화를 피할 수 있었던 것은 일본인에게 행운이었다. 그러나 동시에 행운의 대가로 우리가 잃은 것이 무엇인지 정확하게 이해할 필요가 있다.[190]

가사이가 말한 '우리가 잃은' 것이란 한마디로 혁명, 적어도 그 가능성이다. 이것이 조금도 엉뚱한 생각이 아닌 것이 군국 지도자들도 이런 가능성을 민감하게 알아차리고 있었다. 1945년 2월 고노에 후미마로[191]는 이른바 '고노에 상주문'[192]을 기안하여 천황에게 제출했다. 그는 상주문에서 패배는 기정사실이니 전쟁을 끝내는 수밖에 없다고 호소했다. 상주문에는 다음과 같은 내용이 있다.

패전은 우리 국체의 수치이긴 하지만, 지금까지 영미 여론은 국체 변경

---

190) 가사이 기요시, 《8·15와 3·11》, 96쪽.
191) 近衛文麿(1891~1945): 귀족원의장을 역임하고 세 차례 총리를 지낸 정치인. 제2차 세계대전 전범으로 출두 명령을 받자 음독 자살했다. 옮긴이.
192) 〈近衛上奏文(全文)〉, 《논쟁(論爭)》, 1962년 8월 호, 論爭社, 148~150쪽.

요구까지 나아가지는 않았습니다(물론 일부 과격론이 있고, 또 장차 어떻게 변할지는 예측하기 어렵습니다). 따라서 패전뿐이라면 국체는 그리 우려하지 않아도 됩니다. **국체 호지의 원칙보다 더 우려해야 할 것은 패전보다도 패전과 동반하여 일어날 가능성이 있는 공산혁명입니다.**

곰곰이 생각해보건대, 우리 국내외의 정세는 바야흐로 시시각각 공산혁명을 향해 급속히 나아가고 있습니다.

이 구절이 수상하다는 것은 누구나 알 수 있다. 잘 알려졌듯이 특별고등경찰을 비롯한 전전의 국가체제는 치안유지법 등 모든 수단을 동원해 공산주의 사상과 공산혁명 세력의 침투를 막아왔다. 그리고 전쟁 중에 이 체제는 더욱 강화됐다. 비공산당 계열의 마르크스주의자[노농파(勞農派) 마르크스주의]도 탄압받았고(인민전선 사건)[193], 전쟁에 대해 강하든 약하든 비판적 태도를 보인 자유주의자도 마찬가지였다. 더구나 고전문학 해석을 대동아전쟁의 대의와 결부시켜 젊은 인텔리 층에게 많은 영향을 끼친 사상가 야스다 요주로[194]까지 잠재적 위험인물로 간주돼 감시받았다. 이처럼 '공산혁명'을 꾀하는(혹은 그럴지도 모른다는 망상으로 추정한) 세력은 사실상 철저하게 짓밟히고 말았다. 물론 1940년대에 들어서도 조르게 스파이 사건[195] 같은 사례가 있었지만 공산주의 사상의 국내 침투와는 거리가 멀

---

193) 일중전쟁 개전 후, 반파시즘 인민전선 운동을 기획한 일본 무산당(無産党)을 탄압한 사건. 이후 합법적인 반전·반파시즘 운동이 불가능해졌다.

194) 保田與重郎(1910~1981): 일본의 문예평론가. 옮긴이.

195) Richard Sorge(1895~1944): 독일인 아버지와 소련인 어머니 사이에서 태어났다. 소련 스파이로 1933년 일본에 들어와 첩보망을 조직하고 고급 군사정보를 소련에 전달했고, 특히 동부전선에서 소련군이 독일군을 패퇴시키는 데 중요한 역할을 했다. 나중에 정체가 탄로 나 스가모 형무소에 수감됐다가 1944년 11월 7일 처형됐다. 옮긴이.

었다. 따라서 "우리 국내외의 정세는 바야흐로 시시각각 공산혁명을 향해 급속하게 나아가고 있다."라는 인식은 참으로 기이하다.

고노에는 자신의 주장을 보강하고자 소련이 유럽에서 정치적으로 암약하고 있다고 설명하고는 전쟁이 끝난 뒤 아시아에서 그 영향력이 확대될 가능성을 지적한다. 특별히 초점을 벗어난 분석은 아니지만 화제가 다시 국내 정세 분석에 이르면 고노에의 논의는 거의 정신착란 양상을 띠기 시작한다. 다시 상주문으로 돌아가 보자.

국내를 돌아보건대, 공산혁명 달성을 위한 모든 조건이 나날이 갖춰지고 있는 듯합니다. 즉 생활의 궁핍, 노동자 발언권의 확대, 영미에 대한 적개심이 커지면서 나타나는 친소 정서, 군부 내 일각의 혁신운동, 그리고 여기에 편승하는 소위 신 관료운동과 이를 배후에서 조종하는 좌익분자들의 암약 등이 그러합니다. 특히 우려할 만한 것은 군부 내 일각의 혁신운동입니다. 다수 장교 사병이 우리 국체와 공산주의가 양립할 수 있다고 믿듯이 군부 내 혁신론의 기조도 역시 여기에 있습니다. 황족 중에도 이런 주장에 귀를 기울이는 분이 계신다는 소문도 있습니다.

전황이 악화하는 가운데 탄압이라면 당할 대로 당했을 '좌익분자들'이 무려 암약까지 하고, 그들이 '친소 분위기'를 조장해서 군인뿐 아니라 황족까지도 그 분위기에 휩쓸리고 있다는 것이다. 망상은 더욱 부풀대로 부푼다.

애초 만주사변과 지나사변[196]을 일으키고 이를 확대해서 마침내 대동아전쟁까지 끌어온 일은 이들 군부의 의도적인 계획이었다는 사실이 이제는 명백해졌습니다. 만주사변 당시 사변의 목적은 국내 혁신에 있다고 그들이 공언한 것은 유명한 사실입니다. 지나사변 당시에도 "사변을 오래 끄는 것이 바람직하고, 사변이 해결되면 국내혁신은 불가능해진다."고 공언한 것도 바로 그 일각의 중심인물들입니다.

결국, 고노에의 주장은 '좌익분자들'에게 조종당한 한 무리의 '국내혁신'파 군인들이 처음부터 패배할 것이 뻔했던 전쟁으로 일본을 몰아넣었다는 것이다. 그래서 대동아전쟁 자체가 국체를 파괴하려는 '의도적인 계획'이었다고 해석한다. 상주문은 나아가 다음과 같이 이어진다.

일부 군부의 혁신론은 반드시 공산혁명은 아닐지라도 이를 받아들인 일부 관료 및 민간 유지들(이 사람들을 우익이라고도 좌익이라고도 할 수 있지만 소위 우익은 국체의 옷을 걸친 공산주의자의 모습)은 의식적으로 공산혁명의 의도를 품고 있으며 단순무지한 군인들이 이에 놀아난 것으로 봐도 무방합니다.

이쯤 되면 좌우가 따로 없다. '이를 우익이라고도 좌익이라고도 할 수 있지만 소위 우익은 국체의 옷을 걸친 공산주의자'인 것으로 가정된다. 이후 이어지는 부분에서 고노에는 두 번에 걸쳐 국정을 맡으면서 '혁신론자'

---

196) 支那事変: 중일전쟁. 옮긴이.

의 '숨어 있는 의도', 즉 공산혁명과 국체부정 기도를 '완전히 간파하지 못했던' 점을 천황에게 사죄한다. 참으로 우려스러운 인식이다. 그토록 '빨갱이' 탄압책을 강구해왔지만 '빨갱이' 음모는 착착 결실을 보았다는 말은 다시 말해 천황이 공산주의자들에게 거의 포위됐다는 뜻이기 때문이다. 맥베스 부인의 손에 묻은 피처럼 이 귀공자 눈에 '적화(赤化)'는 씻어내기 불가능한 것으로 비쳤던 것이다. 그런데도 고노에의 인식은 그리 이상하다고 여겨지지 않았다. '상주문'을 두고 가와하라 히로시[197]는 다음과 같이 서술하고 있다.

이것이 고노에 개인의 발상에 불과하다면 다가오는 패전의 공포로 떨고 있는 어느 귀공자의 신경쇠약증으로 간주해도 좋을 것이다. 하지만 실상은 그렇지 않다. 이는 오히려 천황제 지배층의 공통된 발상이었다고 말하는 것이 옳다. 그 증거로 1944년 6월 경시청 특고 제1과장 하타 시게노리(秦重徳)는 다음과 같이 정세를 파악하고 있었다. "경시청에서는 국체를 부인하는 자를 좌익으로 간주하고 그러지 않는 자를 우익으로 보고 있지만, 우익 중에도 좌익이 많은 것은 말할 것도 없다." 여기서도 우익과 좌익의 경계는 희미하며, 우익의 좌익화에 따른 국민 전체의 좌익화를 시사하고 있다.[198]

전반적으로 천황제 지배층은 좌가 무엇인지 우가 무엇인지도 몰랐다.

197) 河原宏(1928~2012): 일본의 사상가. 옮긴이.
198) 가와하라 히로시, 《일본인의 '전쟁'―고전과 생사의 사이에서(日本人の「戦争」―古典と死生の間で)》, 講談社学術文庫, 2012, 142쪽.

그러던 사람들에게 이제는 이놈도 저놈도 죄다 공산주의자로 보이는 것이다. 하지만 바로 이런 착란이 오히려 '국체'라는 것을 명확하게 파악할 수 있게 해줬다. 아니, 고노에 무리가 착란 상태에 있었다고 생각해서는 안 된다. 오히려 그들은 국체의 본질을 정확하게 파악하고 표현했다는 점에서 진정으로 명석했다. 그 본질은 '국체를 부정하는 자=공산주의자=좌우를 막론한 혁신주의자'라는 등식에서 분명하게 드러난다. 아무리 열렬한 국체 지지자(우익)도 '혁신'을 입 밖에 내는 순간, 그는 '좌익'으로 분류될 수밖에 없다. 그렇다면 국체란 바로 모든 혁신에 대한 거부 자체인 셈이다.

따라서 문제의 초점은 혁명과 혁신에 맞춰져야 한다. 가와하라 히로시는 종전 결단의 본질을 '혁명보다는 패전이 낫다'는 선택으로 파악했다.[199] 이런 관점에 따르면 왜 지배층은 본토 결전을 피했는지를 명쾌하게 알 수 있다. 본토 결전 준비 단계에서 대본영은 군대를 둘로 나누기로 했다고 한다. 본토에서 연락이 두절되면 통일된 지휘가 불가능하기 때문이다. 중앙으로부터 어떤 명령도 받지 못하는 부대는 독자적 판단으로 전투에 나서리라고 이미 예상했던 것이다. "그것은 조직적인 '국체'의 부정, 즉 혁명으로 이어지게 마련이다. 천황제 지배층이 본토 결전을 두려워한 이유가 바로 여기에 있었다."[200]

만약 본토 결전을 결행했다면 더 많은 원자폭탄이 투하되고, 천황은 황거와 함께 사라졌을지도 모른다. 헤아릴 수 없이 많은 인명을 잃고도 여전히 전투중지 명령의 주체가 공백이라면 비조직적인 게릴라들의 전투는

199) 같은 책, 97쪽.
200) 같은 책, 144쪽.

끝없이 계속됐을 것이다. 결국, 북에서 침입한 소련군은 본토 네 개 섬을 장악했을 테고, 정말 그랬다면 지금 이 글을 읽고 있을 독자도 나도 태어나지도 못했을 것이다. 그래도 다음과 같은 지적은 남겨둬야 한다. 가와하라는 "일본인은 국민 각자가 자기 목숨 걸고서라도 지켜야 할 것을 스스로 발견해서 이를 위해 싸우겠다고 **자주적으로** 결정하거나, 마찬가지로 각자가 목숨 걸고 싸우지 않겠다고 **자주적으로** 결의하는 행동의 의미를 체험하지 못했다."라면서 본토 결전 사태를 회피한 대가였던 결핍을 이야기했다. 또 "고노에를 비롯한 천황제 지배층이 '혁명보다는 패전이 낫다'는 방식을 내세워 어떻게든 회피하려고 했던 혁명이란 궁극적으로 개인의 자주적인 결의와 판단으로 행동하게 되는 상황"[201]이라고 지적했다.

여기서 가와하라가 말한 '자기 목숨을 걸고서라도 지켜야 할 것'은 판에 박힌 '국체'에 대한 관념은 아닐 것이다. 그것은 각자가 극한 상황에서 스스로 확인하고 깨닫는 어떤 것이다. 앞서 언급했던 와타나베 기요시가 전장에서 돌아오고 나서 겪은 고뇌는 처참한 전장 체험에서 스스로 체득한 관념과 주체성이 결여된 다른 사람들의 관념의 차이에서 비롯했다. 그런데 본토 결전 회피 결단은 와타나베를 비롯한 소수가 아니라 국민 대다수가(몇 명이 살아남을지 확실하지 않지만) 이런 확신을 얻게 될 기회를 앗아갔다. 바로 여기에 '국체 호지'의 의미가 있다. 국체가 자주적인 결의로 실현하는 혁신과 혁명을 절대적으로 부정하는 것을 의미하는 만큼, 국체 호지를 실현한 패전은 '패배'라는 외견과 달리 사실상 혁명을 제치고 얻어낸 화려한 승리나 다름없었다.

---

201) 같은 책, 145쪽.

히로시마와 나가사키의 피폭 경험도 이런 관점에서 그 의미를 해독해야 한다. 당시 요나이 미쓰마사(米內光政) 해군대신은 원폭 투하 소식을 접하고 '하늘이 도왔다'고 했거니와,[202] 원폭 충격이 본토 결전 회피를 재촉하고 나아가 혁명 가능성을 버섯구름으로 날려버릴 수 있었던 것이야말로 '하늘의 도움'이었다. 핵 공격은 급속도로 악화하는 전황을 배경으로 억누르기 힘든 혁신의 기운이 천황제 국가의 지배층을 포위하고 있을 때 국체가 역전승을 거두는 계기로 포착됐던 것이다. 이런 의미에서 일미 공범 관계를 기반으로 하는 전후의 국체는 히로시마와 나가사키에서 이미 작동하고 있었다. 다시 말해 '전후'는 이미 시작되고 있었던 것이다.

무엇을 해야 할까

나는 국체의 본질과 전후 국체가 전개되는 방향을 전망했다고 믿는다. 문제는 우리가 그런 국체를 내부에서 무너뜨릴 것인지, 아니면 외부의 힘으로 무너질 것인지 두 가지로 좁혀진다. 전자가 실패하면 후자가 강제된다. 이것이 구체적으로 어떤 불행을 의미하는지 우리는 후쿠시마 원전 사고의 경험으로 조금은 알게 됐다. 따라서 우리는 전자의 길을 택할 수밖에 없다. 국체는 변화를 절대적으로 거부한다고 정의했으니 국체에 손대는 일 따위는 도저히 불가능하다고 생각할지도 모른다. 그러나 국체는 정말로 영구불변한 어떤 것이 아니다. 앞서 살펴봤듯이 '영원히 변치 않는 것'

---

202) 요시다 유타카(吉田裕),《쇼와 천황의 종전사(昭和天皇の終戦史)》, 岩波新書, 1992, 27쪽.

의 역사적 기원은 명백히 밝혀졌다. 국체는 결국 이토 히로부미(伊藤博文)의 발명품(물론 이것은 고도로 정밀한 기계장치다)에 지나지 않는다. 3·11 이후 우리가 '목숨 걸고 지켜야 할 것'을 정말로 찾아내 합리적인 확신으로 고양할 수 있다면, 저 괴물 같은 기계는 작동을 멈출 것이다. 왜냐면 그것은 우리의 지적인, 그리고 윤리적인 나태를 연료로 삼고 있기 때문이다.

에필로그

—

세 가지 광경

이 책을 쓰면서 뇌리를 떠나지 않았던 세 가지 장면이 있다. 그것은 이 책의 논의를 가능하게 한 원풍경이라고 말할 수 있을지도 모른다. 하나씩 소개해본다.

지금으로부터 7년쯤 전, 나는 처음으로 베를린을 방문했다. 친구와 함께 시내 중심부를 돌아다니다가 빗속에서 길을 잃었다. 녹지를 따라 이어지는 가로수 길은 너무 넓었고, 아무리 걸어도 사람이 많이 다니는 곳은 나오지 않았다. 겨울 해는 짧아 서서히 주변이 어두워지고 있었다. 얼음처럼 찬비를 맞으며 곤혹스러워하던 그때 우뚝 서 있는 거대한 기념물 하나가 시야에 들어왔다. 가까이 다가갈수록 '왠지 이상하다'고 느꼈다. '이상하다'고 말한 것은 기념물이 뭔가 이질적인 분위기를 자아내고 있었기 때문이다. 다시 말해 베를린에 있는데도 '소비에트적인 것'이 서 있음을 멀리서도 느낄 수 있었다. 기념물이 서 있는 공간에 들어가 보니 아니나 다를까, 생각한 대로였다. 비문은 러시아어로 새겨져 있었다. 정확한 구절은 떠오르지 않지만 대략 이런 글이었다.

"1945년, 우리는 이 땅에서 파시스트들을 몰아냈다."

충격이었다. 전쟁의 패배가 무엇을 의미하는지 뼈저리게 느낄 수 있었다. 종전 후 60년 넘게 세월이 흘렀고, 자타가 공인하는 유럽의 중심이 됐으면서도 여전히 수도 한복판에 '너희들은 패했다'고 기록한 거대한 시설물을 세워둬야 한다는 것, 이것이 바로 독일이 패전의 결과로 짊어져야 할 숙명이었다. 그때 나는 두 패전국, 독일과 일본 두 나라에 양적으로는 똑같이 흘렀을 전후 시간의 질적 차이를 생각해보지 않을 수 없었다. 도쿄의 한복판에 A급 전범을 '호국의 영령'과 '신'으로 모시는 시설(야스쿠니 신사)이 당당하게 서 있고, 이곳에서 참배하는 것이 정치가의 공약인 나라, 우리는 이런 나라에서 살고 있다. 물론 옛 동독과 서독에서 있었던 전쟁 책임 추궁이나 현재 독일이 국제무대에서 발휘하는 정치·경제적 리더십을 지나치게 이상적으로 바라보는 태도를 경계해야 한다. 그러나 독일이 EU(유럽연합)의 중심국이 된 것과 달리 일본은 여전히 이웃 나라들과 영토 문제나 역사 인식 문제 등으로 알력을 빚고 아시아를 주도하지 못하는 이유를, 나는 그날 찬비를 맞으며 확실히 깨달았다.

귀국 후 알아봤더니 그 기념물은 '소련 전쟁기념비'였고, 소재지는 옛 서베를린 브란덴부르크 문에서 멀지 않은 곳이었다. 그런데 여기서 꼭 말해둬야 할 것이 있다. 그때 우리가 가지고 있던 두 권의 일본어판 베를린 관광 가이드북(제법 상세했다)에는 소련 전쟁기념비와 관련된 어떤 언급도 없었다. 반면에 '체크포인트 찰리'(검문소) 등 베를린 분단시대를 상징하는 시설 정보는 매우 충실했다. 그러니까 시설의 중요성에 비해 걸맞지 않을 정도로 상세하게 언급돼 있었다는 것이다. 그렇다, 우리는 '냉전'의 승자여서 이를 자축하고 싶은 것이다. 그리고 독일과 함께 당한 제2차 세계대전의 처참한 패배는 없었던 일로 해버린다. 물론 가이드북 편집자들이 이렇게 의식적으로 사고하고 책을 만들었을 리는 없다. 하지만 무의식은 자각 증상이 없는 것을 의미하기에 오히려 문제가 더 심각하다. 영속패전의 역사의식은 이처럼 지극히 세세한 지점에까지 침투해 있다.

두 번째 장면은 도쿄 신주쿠였다. 벌써 10년 가까이 지난 일이다. 어느 날 밤 나는 지인과 신주쿠역 서쪽 출구 '추억의 골목'('쇼벤 요코초'[203]라고 부르는 사람이 많다)에 있는 이자카야에서 술잔을 기울이고 있었다. 장어가 사는 굴처럼 좁아터진 가게 입구 쪽에서는 점퍼 차림에 반백의 예순 살쯤 된 남성이 묘하게 무뚝뚝한 표정으로 데운 술을 혼자서 들이켜고 있었다. 그때 갑자기 술집 문이 열리더니 백인 청년 둘이 가게 안으로 들어왔다. 누가 봐도 관광객이 분명한 그들은 주인에게 영어로 가게를 촬영하게 해달라고 부탁했다. 주인이 허락하자, 그들은 카메라 장비를 챙겼다. 그때였다. 예의 그 무뚝뚝한 아저씨가 "어디에서 왔나?" 하고 청년들에게 말을 걸었다. 일본어였지만 분위기로 통했다. 청년들은 "미국에서 왔다."고 대답했다. 그 순간, 무뚝뚝하던 아저씨 얼굴이 갑자기 환해지면서 자리에서 일어났다.

"그런가! 아메리카에서 왔단 말이지! 나는 말이야, 아메리카가 좋아! 정말로 좋다고! 아메리카에서 온 건 뭐든지 좋아해! 자, 악수하세!"

일본어를 모르는 청년들은 당돌한 호의에 적잖이 당혹스러워 하면서도, 그의 손을 마주 잡았다.

이런 장면이 눈앞에서 펼쳐지자, 뱃속에서 불쾌감이 부글부글 끓어올

---

203) ションベン横丁: 이른바 '오줌 골목'. 사람들의 노상 방뇨로 악명이 높아서 생긴 별명. 옮긴이.

랐다. 외국인 여행자들을 환대하고, 그들에게 호의를 보이는 것은 좋다. 그러나 이곳은, 이곳만큼은 미국인을 그렇게 대하기에 적합한 장소가 아니다.

이미 알고 있는 독자도 많겠지만, 신주쿠역 서쪽 출구 숀벤 요코초는 작은 가게들이 늘어선 식당가다. 그 기원은 전쟁 직후 불탄 자리에 들어선 암시장이었다. 공습으로 모든 것이 불타버리고 나서 도쿄 거리에 우후죽순처럼 생겨난 암상인들이 거리를 형성했다. 무슨 사연이 있었는지, 이곳은 전후 신주쿠 개발 물결을 타고 넘어 지금껏 살아남아 숀벤 요코초가 됐다. 숀벤 요코초는 불탄 판잣집들이 남아 있는 동쪽 출구의 골든가[204]와 함께 수도에서 가장 번화하고 비싼 곳이다. 나는 이런 사실을 소중히 여긴다. 이들 공간이 획일적이고 휘황찬란한 상업 공간과 대조를 이뤄서 거리에 고유한 색채를 더한다는, 그런 이유에서가 아니다. 그보다는 '평화와 번영'의 꿈을 일단 일궈낸 이 거리에서, 우리가 '역사에 대한 에티카'라고 불러야 할 무언가를 잊지 않기 위해서다.

나는 갑자기 들어와 사진을 찍겠다고 한 미국 청년들을 나무랄 생각은 없다. 아마 그들은 이 거리가 형성된 역사를 전혀 모른 채 순전히 이국정서에 이끌려 이 술집에 들어왔을 것이다. 문제는 무뚝뚝이 아저씨다. 그가 특별히 비굴한 사람일 리는 없다. 그저 일반적인 일본인일 뿐이다. 하지만 그의 언어는 전후 일본인의 대미 의식을 거의 정확하게 보여준 듯하다. 그리고 정말 그렇다면 일본인은 일반적으로 비굴한 사람들인 셈이다.

---

204) ゴールデン街: 일본 도쿄 도 신주쿠 구청과 하나조노 신사 사이에 있는 좁은 골목으로, 1950년대 모습을 그대로 재현한 술집 200여 개가 밀집해 있다. 1950년대만 해도 사창가였으나 1958년 매춘방지법 시행을 계기로 술집 골목으로 변신했다. TV 드라마로도 방영된 만화 《심야식당》의 배경이 돼 더욱 유명해졌다. 옮긴이.

이 거리에는 일찍이 이곳에 살던 사람들과 함께 불탔던 역사가 있다. 그 불탔던 증거의 한복판에서 불을 질렀던 장본인의 후예를 살갑게 대하는 모습은 존 다우어[205]가 말하는 '패배를 끌어안는(Embracing Defeat)' 태도의 대척점에 있다. 다우어는 자신의 저서 《패배 끌어안기(*Embracing Defeat*)》[206]를 통해 전후 일본 점령기의 정치, 경제, 풍속, 대중의 의식과 일상생활 등 다양한 측면을 객관적으로 묘사했고, 베스트셀러가 된 이 책은 '패배를 껴안고(敗北を抱きしめて)'라는 제목으로 일본에서도 출간됐다. 그런데 원제 'Embracing Defeat'에는 두 가지 의미가 있다. 즉 '패배 경험을 끌어안고 그것을 내면화한다'는 의미와 함께 '깨끗하게 패배를 인정하고 감수한다'는 의미도 있다. 무뚝뚝이 아저씨가 미국인을 그토록 살갑게 대한 것은 패배의 기억을 잊어버렸기 때문이라기보다 진심으로 패배를 인정하지 않기 때문이다. 패배의 증거 한복판에서, 패배를 안겨준 장본인을 앞에 두고도 여전히 떠오르지 않는 기억, 원래 이런 일은 있을 수 없다. 그런데도 이런 일이 가능한 이유는 이 거리에 폭우처럼 쏟아진 소이탄이 머릿속에서는 거대한 태풍이나 천재지변 같은 것으로 환치된 데 있을 것이다. 결국, 의식적으로는 불가항력의 천재와 마주쳤을 뿐 '전쟁에서 지지는 않았다'고 생각한다는 것이다. 그렇게 패배를 인정하지 않고서는 반성의 계기도 저항의 계기도 찾아올 리 없다.

사족이지만, 그때 내가 품었던 감정은 내셔널리즘을 향한 분노가 아니었다. 아무것도 모르고 숀벤 요코초를 어슬렁거리다가 들어온 미국인

---

205) John W. Dower(1938~): 미국의 일본사 전문가. 옮긴이.
206) 이 책은 2009년 국내에서 《패배를 껴안고》라는 제목으로 최은석 번역으로 민음사에서 번역 출간했다. 옮긴이.

이 야단맞을 일을 했다고 생각하지 않는다. 혹은 이 거리가 미국인에 대한 복수나 와신상담을 위해 남아 있어야 한다고 생각하지도 않는다. 명령에 따라 "귀축미영!"[207]을 외쳤던 그 입으로 다시 "민주주의 만세!"를 부르고 "미국은 훌륭하다!"라고 화답하는 변함없이 수치스러운 광경을 같은 공간에 있는 사람으로서 견디기 힘들었을 뿐이다.

마지막 장면은 베를린에서였다. 방문 당시 이용한 비행기는 덴마크 코펜하겐을 경유했다. 우리 일행은 코펜하겐에서 하루 묵게 돼 공항에서 택시를 타고 호텔로 갔다. 택시기사는 20대 전반의 젊은이였는데, 무슬림으로 보이는 체격 좋고 눈매가 날카로운 청년이었다. 마침 그곳은 '마호메트 풍자만화 문제'로 떠들썩했는데, 이 사건은 2005년 9월 덴마크의 한 신문이 이슬람교의 시조 마호메트를 과격파 테러리스트로 묘사한 풍자만화를 게재한 것이 발단이었다. 이슬람 여러 나라의 항의가 빗발쳤고, 해가 바뀌면서 문제는 더욱 커졌다. 이슬람권과 유럽에서 시위와 항의운동이 확산되던 중 프랑스의 권위 있는 일간지 《르몽드》가 '표현의 자유'라는 기치를 내걸고 그 만화를 전재해 불난 데 기름을 끼얹은 결과를 낳았다. 애초 문제의 발단이었던 코펜하겐에서는 연일 무슬림계 주민이 항의를 계속하고 있었다.

택시기사 청년은 메르세데스 밴에 짐을 싣고 나서 우리에게 어디서 왔냐고 물었다. '일본에서 왔다'고 대답하니 반색하며 그 마호메트 풍자만화 문제를 영어로 설명하기 시작했다. 아마도 그는 다혈질이었는지 매우 흥

---

207) 鬼畜美英: 마귀와 짐승 같은 미국과 영국이라는 의미. 제2차 세계대전 시 교전국이었던 미국과 영국을 일컫는 말. 옮긴이.

분한 상태였다.

"절대로 용서 못 해. 모든 문제는 미국이라고. 우리 무슬림이 살인자라고? 그놈들이야말로 살인자지. 세계 곳곳에서 살인을 저지르고 있다고. 제국주의자 놈들!"

우리는 적당히 맞장구치며 듣고 있었다. 진눈깨비가 내리는 저녁 무렵 고속도로를 질주하면서 그는 뒷좌석 쪽으로 몸을 돌려 크게 손짓하며 목소리를 높였다. '제발 부탁이니 앞을 보세요'라고 말하려는 찰나, 그의 입에서 나온 말은 나를 경악케 했다.

"너희들 일본인이랬지? 일본인은 참으로 위대해. 나는 존경하고 있다고. 미국과 그렇게 큰 전쟁을 벌였다니 정말 훌륭한 근성이야."

이슬람권은 일반적으로 일본에 우호적인데 그 이유는 일러전쟁 승리에 있다. 백인 제국주의에 고통받으며 저항하는 동지에 대한 감정 같은 것을 품고 있기 때문이다. 터키 등에서는 도고 헤이하치로[208]를 본떠 당시에 태어난 아이에게 '헤이하치로'라고 이름을 지어주는 것이 유행했다고 한다. 그런데 이 정도 역사적 사실은 나도 알고 있었지만 일본의 대미전쟁을 이런 연장선상에서 인식하고 있다는 사실은 사뭇 놀라웠다.

더욱이 그는 이렇게 말을 이어갔다.

"우리는 절대 용서 못 해. 너희도 그렇지? 그놈들이 원자폭탄을 떨어트렸으니까. 다음에 미국이랑 붙을 때 꼭 같이하자고!"

말문이 막혔다. 어학 실력이 달리거나 긴 여행의 피로 때문만은 아니었다. 나는 말해주고 싶었다. 개인적으로 당신 말에 심정적으로 공감하는

208) 東鄉平八郎(1848~1934): 메이지 시대 해군 제독, 청일전쟁과 러일전쟁의 영웅. 옮긴이.

부분도 있지만 대부분 일본인의 심정은 그렇지 않다고. 전후 일본이 미군에 계속해서 거대한 기지를 제공해왔다고. 친미 정권이 선거를 통해 권력을 쥐어왔다고. 미국은 문화적으로도 국민 생활에 절대적인 영향을 끼쳐왔다고. 대부분 국민의 심정은 친미 자체며 "한 번 더 붙어보자!" 따위의 사건은 꿈에도 생각할 수 없다고…. 그러나 말이 나오지 않았다. 어디서부터 어떻게 설명해야 좋을지, 도무지 감을 잡을 수 없었다. 숀벤 요코초에서 목격했던 장면과 택시기사 청년이 상상하는 일본인의 모습 사이의 어쩔한 낙차를 설명하려고 찾았던 방법의 결과가 바로 이 책인지도 모르겠다.

그의 말을 듣고 한 가지 더 알게 된 사실은 도쿄에서 알카에다의 테러가 일어나지 않는 이유였다. 9·11 이후 아프간 침공과 이라크 전쟁을 배경으로 2004년 3월 마드리드에서는 열차 폭파 사건이, 2005년 7월 런던에서는 동시다발 폭탄테러 사건이 일어났다. 당시에 나는 도쿄에서 폭탄 테러가 발생해도 전혀 이상하지 않다고 생각했다. 오히려 논리적으로 생각하자면 일어나지 않는 것이 이상하기까지 했다. 그 청년이 던진 말을 들어보면 이슬람권이 일본을 크게 오해하거나 혹은 일본에 대해 환상을 품고 있었다. 이런 환상에 힘입어 도쿄는 폭탄 테러의 위협에서 벗어났다.

그리고 그런 경험으로부터 7년의 시간이 흘렀다. 올해(2013) 1월 알제리에서 무장 세력이 벌인 인질 사건은 일본과 이슬람 관계의 역사에서 전환점이 됐다. 아직 정보가 부족하고 세세한 내용은 명확히 알 수 없지만 이미 나와 있는 증언에 따르면 영국 BP 사의 간부와 함께 닛키(日揮)의 현지 파견사원이 습격의 최우선 표적이었을 가능성이 크다고 한다.[209] 환상이

---

209) 이 사건은 2013년 1월 25일 현재, 일본인 사망자 9명, 실종자 1명으로 파악돼 온 일본을 충격에 빠뜨렸다. 옮긴이.

영원히 유지될 리 없다. '전후의 종말'이 다가왔다는 모든 징후에도 일본이 영속패전 체제를 고수해도 역사는 나아가고 있다. 역사를 무리하게 가로막는 시도는 이미 이렇게 희생자를 낳고 말았다.

후기

정치철학 방면에 정통한 독자는 이 책의 논의에 대해 다음과 같은 불만을 가지고 있을지도 모른다. 다시 말해 이 책은 오로지 '패전의 죄'만을 문제 삼을 뿐 '전쟁 자체의 범죄성'(나아가 국가 자체의 본성적 폭력)은 묻지 않았다고 말이다. 전쟁 자체의 범죄성을 끝까지 추궁해야 한다는 점에 나는 전적으로 동의한다(국가나 전쟁에 대한 나의 생각은 《미완의 레닌(未完のレーニン〈力〉の思想を読む)》을 참조해주기 바란다). 또한, 종군위안부 문제를 포함한 전시(戰時) 성폭력 문제를 비롯하여 많은 선배 연구자가 이 문제에 몰두해왔는데 나는 이런 노력에 최대한 경의를 표한다.

이를 전제로 하고, 굳이 이런 논의를 전개한 이유를 적어두고자 한다. 알기 쉽게 말하자면, '일의 순서'를 지키지 않으면 적극적인 결과가 나올 리 없고 실제로 나오지도 않는다고 생각하기 때문이다. '전쟁 책임'이라는 개념에는 몇 가지 층위가 있다. 일찍이 칼 야스퍼스는 이것을 '형법상의 죄'와 '정치상의 죄', '도덕상의 죄' 그리고 '형이상학적인 죄'라는 네 가지로 분류했다.[210] 앞에서 뒤로 갈수록 추상도가 높아지고 고도의 윤리성이 요구된다. 이런 정의에 맞춰보면 전후 일본은 '형법상의 죄'와 '정치상의 죄'를 극히 부분적으로 추궁했을 뿐이다. 패할 줄 알았던 전쟁에 '닥치는

---

210) Karl Jaspers, *Die Schuldfrage*, 1946. (이 책은 국내에 여러 차례 번역됐으나 2014년 앨피 출판사에서 이재승이 번역하여 《죄의 문제》라는 제목으로 출간됐다. 옮긴이.

대로' 돌입했고, 국민의 생명을 전혀 고려하지 않았고, 나라를 파멸의 구렁 텅이로 몰고 간 지도층의 책임은 물론이고 가장 단순하게 드러난 '패배의 책임'조차도 만족스럽지 못한 방식으로 추궁됐다.

협의의 일본 국민(즉 옛 식민지 출신이 아니라 전후에도 계속 일본인이며 오늘날 일본 사회의 대다수를 차지하는 사람들)의 희생이나 불행에 대한 책임 마저 제대로 추궁할 수 없는 사회가 더 높은 수준의 추상적인 책임을 끌어 안을 리 없다. 시속 100km 직구도 못 치는 타자가 150km의 변화구를 어떻 게 칠 수 있겠는가. 이런 이유로 이 책의 논의 구조가 국민국가 프레임의 한계를 넘어서지 못하고 오히려 강화하는 것이 아니냐는 비판은 무효다. 전쟁 책임의 ABC에서 A를 건너뛰어 단숨에 고차원적인 책임 추궁으로 나 아간다는 논리가 지금 이 국가와 사회가 안고 있는 문제의 적절한 해결 방 안이라고는 생각하지 않는다.

그렇다고 해서 과거의 물음에 직면한 일본이 '타자의 목소리'를 경시 해도 좋다고 말하고 싶었던 것은 물론 아니다. 이들의 목소리는 우리 역사 에 어떤 잘못이 있었는지를 알기 위해서라도 반드시 듣고 수용하지 않으 면 안 된다. 다만 그것을 받아들여야 하는 사람은 우리 자신밖에 없다.

이런 입장에 설 때 예를 들어 야스쿠니 신사를 둘러싼 문제와 어떻게 싸워야 할까? 나의 대답은 분명하다. 우선 A급 전범의 합사(合祀)를 중지 하는 일부터 시작해야 한다. 야스쿠니를 비판하는 사람들 사이에는 다양 한 견해가 있다. 주로 A급 전범의 합사를 문제시하는 입장, 국가의 추모 시 설로서 야스쿠니는 어울리지 않는다는 입장, 자국민만의 추모를 비판하는 입장, 죽은 자를 영웅화하는 추모 시설로서 그 자체를 반대하는 입장 등이 있다.

얼핏 보면 역설적이게도 현재의 야스쿠니를 무비판적으로 긍정하는 입장과 가장 급진적인 비판이라고 할 수 있는, 국가 추모 시설 자체를 부정하는 입장이 논리적으로 가깝다. 다시 말해 무비판적인 입장은 대동아전쟁에서 죽은 사람은 경위나 입장이 어떻든지 모두 똑같이 순국했으니 사형을 선고받은 A급 전범을 포함해 지금과 같은 방식으로 다뤄야 한다고 주장한다. 이에 대해 국가 추모 시설을 근본적으로 부정하는 입장은 국가와 전쟁의 범죄성을 전면에 내세운다. 국가란 곧 범죄 자체다. 그러나 그렇다고 한다면 도조 히데키조차도 국가의 희생자라고 말해야 한다. 더욱이 그는 도쿄재판에서 모든 범죄를 제국 육군 지도층에 떠넘기고 천황의 면소(免訴)를 얻기 위한 미일합작 시나리오에 적극 협력하며 죽었으니 말이다. 국가가 없었다면 그의 운명이 이렇게 가혹했을 리 없다. 그렇다면 국가 추모 시설 부정론은 일개 병사에서 도조 히데키에 이르기까지 모두 똑같이 '국가와 전쟁의 희생자'로 봐야 한다는 주장을 논리적으로 부정하지 못한다. 물론 이들 양극단의 입장을 동일시하는 것은 대단히 혼란스러운 일이다. 그러나 현재의 야스쿠니를 무비판적으로 긍정하는 입장을 완전히 제외하지 않는 한 이런 혼란은 막기 어렵다.

국가 추모 시설은 희생의 요구를 정당화하고 희생을 재생산하는 국민국가의 신화적 장치로서 그 메커니즘이 밖으로 드러났다는 사실에 큰 의의가 있다. 그러나 사회가 이런 차원의 문제를 진정성 있게 직면하려면 초보적인 문제부터 하나씩 정리하고 해결해야 한다. 식민지 지배나 침략을 책임지는 문제도 마찬가지다. 쉽게 공감을 끌어낼 수 있는 자국민에 대한 책임도 만족스럽게 추궁하지 못한 사회가 타 국민에 대한 책임 문제를 근본부터 다룰 능력이 있을까? 걷지도 못하는데 달릴 수는 없다.

원래 정치철학이나 사회사상을 전문으로 연구하는 내가 정치시사 평론 책을 쓰는 날이 오리라고는 생각하지 못했다. 실천해야 하는 일종의 의무감이나 절박감에 쫓겨 이만큼 원고를 쓴 것은 처음이다. 하지만 그 덕분에 외교사나 영토 문제 전문가도 아니고 일본정치사 전문가도 아니면서 이런 주제에 손을 대는 '만용'을 부릴 수 있었다. 사실 관계는 되도록 정확성을 따졌는데 시간 부족으로 모자란 부분이 있을지도 모르겠다. 현명한 독자 여러분의 질책을 받을 수 있다면 다행이겠다. 어쨌든 역사가도 아닌데 역사에 대해 말하기로 결심한 것은 책을 쓰면서 뭔가 새로운 역사적 사실을 말하지 않아도 됐기 때문이다. 본문에서도 썼듯이 이 책은 지금까지 수없이 지적돼온, 안팎으로 전쟁 책임을 다하지 않은 전후 일본의 문제를 다시금 지적한 것에 지나지 않는다. 지금은 논의의 참신함보다 '진실의 목소리'를 한사람이라도 더 내는 것이 필요하다고 생각한다. 이런 생각에 쫓기면서 집필에 몰두했다.

물론 나의 목소리가 아무런 효과를 낳지 못할지도 모른다. 2012년의 중의원 선거 결과를 목격하고, 대외 관계를 둘러싼 유치하고 무지한 아우성('주장'이라고 부를 정도로 훌륭하지 않았다)을 듣고 암담해졌다.

하지만 그런 비참한 상황은 나에게 궁극적으로는 아무래도 상관없다.

"당신이 하는 일은 대부분 무의미하지만, 그래도 하지 않으면 안 된다. 그런 일을 하는 이유는 세상을 바꾸기 위해서가 아니라, 세상이 당신을 바꾸지 못하도록 하기 위해서다."(간디)

3·11 이후 2년의 세월이 흘렀지만 간디의 이 말이 나를 지탱해주고 있

으며 요즘 이 말을 실천하고 있는 유명 무명의 적지 않은 사람들의 모습이 나에게 용기를 주고 있다. '모욕 속에서 살아가기'는 순응이고 '세계에 의해 자신이 바뀌는 것'이다. 나는 이런 '변혁'을 단호하게 거절한다. 내가 독자 여러분께 무언가를 요구해도 된다면 그 요구는 바로 이런 '거절'을 함께하자고 권유하는 일이다.

***

이 책의 완성을 위해 오오타(太田) 출판의 시바야마 히로키(柴山造紀) 씨와 오치아이 미사(落合美砂) 씨에게 많은 신세를 졌다. 두 분의 열성적인 권유와 세심한 지원이 있었기에 짧은 시간 안에 마무리할 수 있었다. 이 책의 기본이 된 원고는 같은 오오타 출판의 《at플러스》13호(2012년 8월)에 게재된 '영속패전론―'전후'를 어떻게 끝낼 것인가'라는 글이었다. 이 원고를 제안한 것도 이들 두 분이었다. 마음으로부터 깊은 감사를 드린다. 아울러 글에서 존칭은 모두 생략했음을 밝힌다.

2013년 2월

시라이 사토시

옮긴이 글

지난 4월 27일 자 《연합뉴스》 보도에 따르면, 최근 일본 정부는 북한의 핵·미사일 추가 도발 움직임을 이유로 한반도 위기론을 고조시키는 가운데 집권 자민당이 북핵에 대비해 지하철역에 식량을 비축하는 방안을 정부에 제안하기로 했다고 한다. 그뿐만 아니라 일본 정부는 한반도 유사시 한국 체류 일본인의 대피 문제를 잇달아 거론했으며, 자민당 내에서는 적기지 공격을 위해 자위대가 사이버 공격 능력을 갖추도록 해야 한다는 주장이 나오기도 했다.

새삼스러운 얘기가 아니다. 일본 정부의 입장에서 볼 때 한반도의 위기는 일본 국내의 정치·사회 문제들을 무마하는 데 더없이 좋은 기회였다. 그리고 일본 정부의 입장에 동조하거나 우익의 주장을 확대재생산하는 언론은, '북한 때리기'의 예에서 보듯, 한반도발 공포를 대대적으로 유포함으로써 일본인들의 상식적인 사고 자체를 원천적으로 봉쇄해왔다. 일본 국민국가의 형성과 전개 과정에서 공포와 증오의 담론은 비도덕적이고 반윤리적인 권력이 구성원들을 노예화하는 유효적절한 무기 역할을 충실히 수행해왔고 그 '과업'은 현재진행형이다.

메이지유신 이후 위로부터의 근대화 프로젝트를 적극적으로 가동한 일본은 서양 따라잡기를 최우선 과제로 삼았다. 근대 일본을 대표하는 작가 나쓰메 소세키는 소설 《그 후》에서 근대화=서구화를 향해 전력 질주하는 일본을 '황소를 삼킨 개구리 형상'이라고 적실하게 지적한 바 있다. 그리고 그는 강연 〈현대일본의 개화〉에서 '외발적 개화' 열풍에 휘말려 '내발적 개화'의 가능성을 상실한 일본인은 분열증에 가까운 신경쇠약에 시달릴 수밖에 없다고 통렬하게 비판하기도 했다. 나쓰메 소세키를 참조하지 않더라도 근대 일본의 역사적 전개를 일별하면 서양 따라잡기에 급급하다 결국은 파국으로 치닫는 과정이 일목요연한데, 류큐 처분, 대만과 조선의 식민지화, 제1차 세계대전, 만주사변, 중일전쟁, 태평양전쟁 그리고 패전 후 대미 종속적 구조의 강화가 그러하다. 다시 말해 일본은 전쟁이라는 폭력을 자양분으로 하여 국민국가 시스템을 지탱해왔던 셈이다.

근대 일본의 사상적 토대를 마련한 인물로 알려진 후쿠자와 유키치의 '탈아입구론(脫亞入歐論)' 즉 아시아를 벗어나 유럽과 어깨를 나란히 해야 한다는 주장이 여실하게 보여주듯이, 일본은 아시아의 구성원이기를 일찌감치 포기하고 서양화의 길을 선택했다. 아시아에 속해 있으면서도 아시아를 벗어나고자 했던 뒤틀린 욕망에 이끌려 일본은 아시아에 대한 폭력적인 지배를 정당화했고 자신이 그토록 닮고자 했던 서양을 상대로 한 전쟁까지 불사하면서 파국으로 치달았다. 그리고 그 후유증은 아직까지도 한반도뿐만 아니라 동아시아 전역에 뿌리 깊게 남아 있어 기회만 주어지면 현실의 문제로 비화하곤 한다. 아니나 다를까, 과거의 잘못을 성찰하는 능력 자체를 결여한 것처럼 보이는 일본은 북한 핵문제를 지렛대로 하여 군사대국화의 야망을 노골적으로 드러내고 있으며, 한반도를 둘러싼 미국, 중국, 일본, 러시아의 뒤얽힌 관계는 각국의 정치적 상황과 맞물려 실마리를 찾기 어려울 만큼 심각한 지경으로 치닫고 있다.

***

"우리는 모욕 속에서 살고 있다."(나카노 시게하루)라는 에피그램으로 시작하는 시라이 사토시의《영속패전론》은 2013년 간행된 후 일본 사회에서 많은 사람의 관심을 끌었다. 이 책에서 저자는 1945년 8월 15일 천황의 항복 선언 이후 전후 일본 사회를 지탱해온 논리를 '영속패전'으로 정의하고, 2011년 3월 11일 동일본 대지진을 계기로 표면화한 일본 근현대사의 '치부'를 집요하게 파헤친다.

일본의 전후 사회는 흔히 '미국식 민주화'와 '비약적 경제 성장'으로 요약된다. 전후 민주주의는 일본인이 주체적으로 기존 체제를 부정하고 쟁취한 것이 아니라 미국의 요구를 수동적으로 수용한 것이었다. 한국 전쟁과 베트남 전쟁 특수에 기댄 경제 성장 역시 미국의 충실한 '졸개'가 된 대가였다. 일본은 미국에는 한없이 비굴하게 굴면서 한국과 중국을 비롯한 아시아 국가들에 대해서는 파렴치할 정도로 고압적인 태도를 취한다.

그 이유는 무엇일까. 일본이 연합국 특히 미국에 패배한 것은 숨길 수 없는 사실이다. 따라서 미국에 패배했다는 것은 인정하지 않을 수 없다. 패자인 만큼 승자의 요구나 명령을 따르지 않을 수 없는 까닭에 일본은 미국에 전면적으로 종속되지 않을 수 없다. 더구나 은혜롭게도(!) 독일과 달리 분단 상태를 한반도로 전가했을 뿐 아니라 상징일망정 천황제의 존속까지 허락해주지 않았는가. 그런 미국에 대해서는 노예가 되기를 주저하지 않으면서 종속 구조를 영속화하고자 한다. 그러나 한반도의 분단국가와 중국을 비롯한 아시아에서는 패배했다는 사실을 절대로 인정하지 않는다. 가해자라고 불리는 것은 곧 패전을 의미하기 때문에 역사에 대한 반성이

나 자기비판을 찾아볼 수가 없다.

미국에게는 마지못해 패배를 인정하면서 그 보상 행위로서 중국을 비롯한 아시아에서는 패배했다는 사실을 절대로 인정하지 않는다는 것, 다시 말해 아시아에 대해서는 패배를 부인하고 과거를 은폐하면서 미국에 대해서는 패전국으로서 '속국' 상태를 지속할 수밖에 없는 악순환, 이것이 영속패전론의 핵심이다. 요컨대 "노예와 같은 복종이 패배의 부인을 지탱하고, 패배의 부인이 노예 행위의 보상이 된다!"(본문 88쪽) 미국의 노예가 되는 대가로 아시아에서 맹주 노릇을 하고자 하는, 자신을 주체로 정립하지 못한 유아적이고도 저열한 의식구조가 전후 일본을 지탱하고 있는 셈이다. '납치 문제'에서 보듯이 일본은 가해자에서 피해자로 가볍게 변신하거니와, 이야말로 자기기만의 폐쇄회로에 갇혀 집단적 정신 승리법을 구가하는 게 아니라면 무엇일까. 정신 승리법의 귀재인 일본의 주류 정치인과 자본가 그리고 지식인은 기꺼이 영속패전을 전후의 국체(國體)로까지 받아들인다.

일본 사회의 지배 세력, 그러니까 영속패전의 주역들은 패배의 책임을 지지 않은, '우리는 패하지 않았다'는 심리를 국민 대중에게 심어주고 자신의 전쟁 책임을 회피한 장본인들의 후예다. 그들은 끊임없이 책임을 부인하고 역사적 사실을 은폐한다. 그리고 독도(다케시마) 문제와 센카쿠 열도(댜오위다오) 문제를 비롯한 영토 분쟁을 조장함으로써 동아시아 질서를 지속적으로 교란해왔다. 미국을 등에 업고 아시아를 향해 큰소리를 치는 일본의 모습은 호랑이를 뒷배 삼아 거들먹거리는 여우의 모습과 조금도 다를 게 없다. 여우들의 놀음에 놀아나지 않을 수 없는 일본의 상식적인 시민들이 감당해야 할 모욕감은 깊이 헤아릴 것까지도 없을 성싶다.

모욕 속에서 영속패전의 시간을 살아야 하는 일본과 일본인의 향방을 가늠하기란 쉽지 않다. 미국에 철저하게 종속됨으로써만 자기를 증명할 수 있다고 믿는 영속패전의 구조를 해체하지 않는 한 일본과 일본인의 앞날은 모욕으로 점철될 수밖에 없다. 아니면 전전(戰前)의 환상에서 헤어나지 못한 채 비극의 역사를 반복하게 될 것이다. 우익 세력의 지원 아래 '평화헌법' 개정과 군사적 강대국화를 획책하는 아베 신조 내각의 행보를 보건대 사태는 생각보다 훨씬 심각하다. 대국 굴기를 꿈꾸는 중국의 외교적·군사적 전략, 트럼프 체제하 미국의 대아시아 전략, 북한의 핵실험과 남한의 사드 배치에 따른 한반도의 긴장 상태 등을 고려하면 동아시아의 미래는 일촉즉발의 상황으로 치달을 가능성도 없지 않다.

＊＊＊

　　한국에서는 지난해 10월말부터 올해 4월까지 아시아 현대사에서 보기 드문 평화적 시민혁명이 전개되었다. 이 저항운동은 국가를 사유물로 여기고 사익을 위해 시스템을 무력화한 세력을 응징하고 새로운 민주정부를 수립하려는 시민적 의지의 표현이었다고 할 수 있을 것이다. 그런데 시민적 저항에 맞서는 극우 세력의 조직적인 반발도 만만치 않았다. 성조기와 태극기를 앞세우고 부패 기득권 세력의 옹호를 구호로 외치는 이들을 보면서 이 책을 새삼 떠올리지 않을 수 없었다. 미국에 노예적으로 기생하면서 남북의 적대적 공존을 조장해온 친식민지 반공 세력의 뿌리가 얼마나 깊은지 절감했던 것이다. 식민지 시대 일본 제국주의 지배에 협력했던 자들의 후예들이 미국을 등에 업고 반공을 방패삼아 인권을 유린하고 민주주의를 압살해온 역사의 희비극적 반복이 아니고 무엇이겠는가. 일본 현대사의 구조를 관통하는 핵심이 '영속패전론'이라면 한국 현대사의 그 것은 '영속식민지론'이라 부를 수 있을 것이다.

한국의 현대사도 평화와 번영을 미끼로 대미 종속 구조를 심화해온 일본의 전후사와 크게 다르지 않다. 식민지, 분단, 전쟁, 독재로 이어지는 한국 현대사는 종국국만 바뀌었을 뿐 식민지의 연속이었다고 말할 수 있다. 이를 두고 영속식민지론이라 한다면 지나친 비약일까. 영속식민지론의 근대적 기원이 일본의 식민지 지배라는 것은 말할 필요도 없다. 식민지 지배에 대해 설득력 있는 성찰과 자기비판을 수행할 의지도 능력도 없는 세력이 전후 일본을 지배해온 것처럼, 한국 역시 식민지의 경험을 미화하거나 의도적으로 망각하려는 세력이 지배해왔다. 후쿠시마 원전 폭발과 세월호 참사 후 한일 양국에서 고스란히 드러난 '무책임의 체계'는 또 어떻게 설명할 수 있을까. 그런 점에서 일본과 한국의 '상식적인' 시민은 여전히 '모욕' 속에 살고 있다.

한반도의 분단체제를 뒷받침하는 것 역시 대미 종속을 전제로 하는 영속패전론과 영속식민지론이다. 미국과 그 하위 동맹국인 일본은 물론 중국도 한반도의 평화를 바라지 않는다는 것은 익히 아는 바와 같다. 이와 관련하여 최인훈은 소설 《총독의 소리》에서 한반도의 재식민화를 꿈꾸는 '총독'의 입을 빌려 "반도에서 전쟁이 일어나도록 유도해야 한다."라고 말한다. 미국과 일본을 위시한 강대국의 입장에서 보자면 한반도의 무기 경쟁과 긴장 고조는 영구 분단과 이를 매개로 한 영속식민지화 기획을 실현하는 불가결한 조건이 될 것이다. 역으로 한반도의 긴장완화와 평화체제 구축이야말로 그 기획을 무산시킬 수 있는 유효하고도 적절한 방책이 될 수 있을 것이다.

영속패전론의 구조를 타파하지 못하는 한 일본의 실질적인 독립이 불가능하듯이, 영속식민지론의 구조를 벗어나지 못하는 한 한반도의 평화나 독립은 원천적으로 불가능하다. 역사를 깊이 응시하면서 그 구조의 생성과 존속의 메커니즘을 파악하고, 그것을 안으로부터 무너뜨릴 수 있는 사상적 자원을 축적하여 실천의 차원에서 운용하는 단계까지 나아가지 못한다면, 패전의 반복과 식민지의 반복이라는 굴레를 벗어나지 못할 것이다. 이 책에서 그러한 사상적 자원을 발견하여 신뢰에 바탕을 둔 동아시아의 평화적 공존관계를 모색하는 방법으로 활용할 가능성을 타진하는 것은 전적으로 독자의 몫이다.

***

이 책의 번역과 관련하여 몇 마디 덧붙이기로 한다. 내가 오키나와 나하시의 어느 서점에서 《영속패전론》을 '발견'한 것은 2014년 봄이었다. 단숨에 읽고 저자의 주장에 공감한 나는 몇몇과 함께 이 책을 번역하기로 했다. 마을번역학교를 꾸렸고, 2015년 9월부터 매주 금요일 오후 4시 동네서점에서 만나 한 문장 한 문장 읽어나갔다.

마을에서 세상을 만나는 하나의 방법으로 선택한 번역은 생각보다 훨씬 생산적이었다. 일본어를 깊이 알아가는 것도, 이 책의 행간을 읽어내는 것도, 저자의 주장에 한반도를 비춰보는 것도 흥미진진했다.

처음에는 공식 출간할 생각은 없었다. 아니, 그럴 수가 없었다. 다른 번역자가 출판사와 먼저 계약을 했기 때문이다. 그런데 그 번역자에게 피치 못할 사정이 생기는 바람에 우리가 번역을 맡게 되었다. 우연이라면 우연이고 인연이라면 인연일 것이다.

김란경, 박우현, 김지혜, 김민지, 김해슬, 이서현이 '학생'으로 참가했고, 정선태가 '선생' 노릇을 했다. 학생들은 각자 맡은 부분을 꼼꼼하게 예습했고, 이를 바탕으로 선생이 강독했다. 강독이 끝나면 학생 각자 전문을 번역하여 커뮤니티에 올렸다. 그렇게 모인 것을 김란경이 주도하여 원고를 완성했으며, 박우현이 편집에 참여했다. 그리고 정선태가 교정과 감수 후 마무리했다. 꼬박 1년 넘는 시간이 걸렸고, 또 더 많은 고민의 시간이 필요했다.

정선태를 제외하면 모두 일본어를 번역해본 경험이 없는 '아마추어'들이다. 그저 공부가 좋아서, 세상을 좀 더 깊이 이해하기 위해서 시작한 일이 여기에 이르렀다. 마을번역학교에 틔운 싹이 더 넓은 세상에서, 더 많은 사람을 만날 수 있기 바란다. 번역 과정에서 발견되는 잘못은 물론 선생 탓이다. 혜량과 질정을 바란다.

2017년 5월
번역자들을 대표하여
정선태 적음

영속패전론

1판 1쇄 발행일 2017년 7월 31일
1판 2쇄 발행일 2019년 8월 15일
지은이 | 시라이 사토시
옮긴이 | 정선태 외
펴낸이 | 김문영
편집주간 | 이나무
편집 | 박우현
펴낸곳 | 이숲
등록 | 2008년 3월 28일 제301-2008-086호
주소 | 서울시 중구 장충단로 8가길 2-1(장충동 1가 38-70)
전화 | 2235-5580
팩스 | 6442-5581
홈페이지 | esoope.com
페이스북 | facebook.com/EsoopPublishing
Email | esoope@naver.com
ISBN | 979-11-86921-45-6 03340
ⓒ 이숲, 2017, printed in Korea.